健身，就能改变人生

刘畊宏的27年精炼秘笈

亚洲健身天王
刘畊宏 著

中信出版集团 · CHINACITICPRESS · 北京

图书在版编目（CIP）数据

健身，就能改变人生 / 刘畊宏著. -- 北京：中信
出版社, 2016.5
ISBN 978-7-5086-5500-0

Ⅰ. ①健… Ⅱ. ①刘… Ⅲ. ①健身运动－通俗读物
Ⅳ. ①G883-49

中国版本图书馆CIP数据核字(2015)第215644号

健身，就能改变人生

著　　者：刘畊宏
策划推广：中信出版社（China CITIC Press）
出版发行：中信出版集团股份有限公司
（北京市朝阳区惠新东街甲4号富盛大厦2座　邮编　100029）
（CITIC Publishing Group）
承 印 者：北京盛通印刷股份有限公司

开　　本：787mm×1092mm　1/16
印　　张：14.5　　字　　数：80千字
版　　次：2016年5月第1版　　印　　次：2016年5月第1次印刷
广告经营许可证：京朝工商广字第8087号
书　　号：ISBN 978-7-5086-5500-0/G・1241
定　　价：48.00元

目 录

CONTENTS

自序 **健身，就能改变人生** 008

前言 **别怕难坚持，健身只会越做越轻松** 012

CH.1 **减肥男女，从健康好体质开始** 027

别说没时间，让运动融入生活 028

休息，可以让你长肌肉 031

■ 运动减压助眠法：轻松入睡，失眠靠边 032

拒绝忽胖忽瘦，好体质持续好身材 034

CH.2 **破除迷思，别让身体受伤而不自知** 039

健康警示：别把错误观念当神话 040

迷思 1 ——练健身≠练举重 041

迷思 2 ——大≠美，线条才是王道 043

迷思 3 ——魔鬼饮食≠魔鬼身材 044

迷思 4 ——药物≠捷径 047
迷思 5 ——健身≠做苦工 048
迷思 6 ——有做运动≠减肥成功 050
迷思 7 ——享受美食≠肥胖 052
迷思 8 ——多花一分钱≠多瘦一寸肉 054
迷思 9 ——减重食品≠难吃食品 056

CH.3

超强效果、超级愉快健身法
24 小时都要快乐减肥 061

忙碌不是借口，而是日常健身的助力 062
■ 习惯养成计划：边工作，边健身 062
■ 多功能的运动组合 066
有氧运动 / 无氧运动 / 肌力训练运动 / 柔软度训练运动
■ 有氧运动最快乐 068
■ 零碎时间运动健身法 069
5 分钟肌肉伸展 /15 分钟散步、快走 /30 分钟骑自行车

让肌肉得“失忆症”，健身效果大不同 071

CH.4

打造行动健身房
整个城市，就是你的运动场 075

运动前的功课：因“身材”施教 076
■ 看肌肉含量判断胖瘦 076

■ 根据不同的体形做不同的运动 077
大肚鱼或西洋梨形人 / 圆球形人 / 棍棒形人

■ 练出你的人鱼线 082

就地取材健身法 084

适合女生的运动 085

■ 美人肩背 / 臂运动 086
美人肩背部运动 / 美人肩臂部运动 / 手臂肌肉运动

■ 消除蝴蝶袖运动 092
三头肌训练运动

■ 翘臀、长腿、平小腹运动 096
前踢运动 / 侧踢运动 / 后踢运动

适合男生的运动 100

■ 胸肌训练运动 100
跪姿俯卧撑运动 / 原始俯卧撑运动 / 篮球俯卧撑运动
单手俯卧撑运动 / 壁虎俯卧撑运动 / 椅子胸肌训练运动
椅子下胸训练运动

■ 完美腹肌运动 110
椅子自行车扭转运动 / 椅子屈膝伸腿运动 / 椅子伸腿拉展运动
椅子踩自行车运动 / 椅子直立抬腿运动 / 椅子侧边运动 /
椅子绕大钟运动

■ 滚轮雕塑运动 124
跪姿滚轮运动 / 站姿滚轮运动

CH.5

男女局部减肥甩肉法
练出自己的超完美曲线 129

循序渐进才是正确的健身方式 130

雕塑完美曲线的秘密武器 136
弹力绳 / 行李袋 / 椅子

■ 厚实肩膀 138

■ 修长臂膀 144

■ 各部位肌肉协调能力 148

■ 结实上臂 156

■ 大块胸膛 174

■ 傲人腰力 176

评估自己的脂肪是否仍然太多 181

练出大块肌肉的“菱形健身法” 181

暖身、伸展、缓和运动 182

■ 手走路暖身运动 182

■ 手臂伸展、缓和运动 184

■ 双腿伸展、缓和运动 185

CH.6

要吃要喝才能真正减肥 187

能吃就是福，每餐都要会吃 188

抓住饮食平衡感 190

想吃和能吃的平衡 192

■ 种类的平衡 194

纯粹骗人的夜宵减肥法 195

断食、节食，为了减肥，搏命演出！？ 196

"吸烟、饮酒过量，有碍健康"，
也有碍你的好身材！ 197

不同减重餐该如何选择 198

■ 养生餐 199

■ 低卡餐 199

■ 增重餐 200

■ 减肥餐 200

■ 代餐 201

怎么吃都不胖的秘密，
最高级的美食飨宴 202

■ 吃的时间和顺序 203

在家里自制健康速食餐点 204

薯条 / 牛肉汉堡 / 炸鸡、烤鸡翅 / 汽水 / 比萨

CH.7 **SOS！健康减肥大作战** 207

7 天瘦出完美曲线的紧急减肥法 208

■ 训练开始前的必备信息 210

■ 具体训练计划 211

黄金 7 天的重要饮食原则 215

自序

健身，就能改变人生

10 年前，我出版了第一本健身书，引起了广大反响，也带动了健身界的新风潮。10 年后再出书，除了保留第一本的精华之外，我更增加了我创新的健身操以及健身 25 年来所得到的意想不到的好处，而这些好处彻底地改变了我的人生，所以在本书中我也想和大家分享，只要你拥有了正确的健身观念和态度，**健身绝对不只是健身！**

首先，一定要让你知道，健身的目的不是一天到晚去健身房跟哑铃较劲拼命，看似是为了维持好的体态和健康，但这会让你觉得好像除了工作之外，下班后还要到健身房上班?！会不会有点儿累啊？而许多健身教练也因为健身房的业绩压力，甚至一天要上超过 8 堂课，原本的教学热情都消耗光了，你累他也累啊！这样怎么能持续呢？

再者，健身也不只是把肌肉练大而已，所以不要看到别人有着大块的肌肉，就认为他能教你怎么练，要是带错了方向，你可能会走上一条健身的不归路——越练越累。最后，就会像很多人一样，只能遥想当年勇了。

健身是一种训练，加强你肌肉的力量、耐力、爆发力以及身体的协调性等，让你在参与各项运动时都能更快地上手抓到诀窍，找到其中的乐趣和成就感。**除了能有好的体格**（让外在的精神状态良好，也能保持年轻活力）、**保持良好的基础代谢**（健康好体质、不易变胖、不易生病、容易变壮），更能通过健身训练**强化自我的心理素质**（坚强、忍耐、信心、团队合作等），**让你更加了解自己，找到能引爆热情的内在动机，突破自己的极限！**

健身和其他运动一样，都会提升你在事业上的专注力、生产力、竞争力、创造力，甚至优秀的领导能力。相信老板都期待有这样的员工，而当老板的你更是需要有这样的能耐吧！

在人际关系上，健身也能让你性格更开朗、更积极主动，仅仅是多元的运动生活就能让你交友广泛，进而开阔你的眼界。在家庭方面，你能有好的体力照顾和陪伴家人，下班回家后也不会只瘫在沙发上看电视然后洗澡睡觉。出游时，更不会只是上车尿尿下车睡觉，不管上山下海都能有好的体能享受人生。

在书里我也分享了许多执行的方法，让大家能在生活中真的实践**“活出健康丰富的人生”**，如果你愿意发挥你的影响力，更能成为你职场、家庭、朋友圈里健康人生的发动者。

我相信家家有本难念的经，人人都有不同的理由，不过，不开始永远不会有改变。

我帮助过许多体重超过 100 公斤的朋友，有人最高纪录在 100 天内减掉 60 公斤，让他们从浑身是病变成浑身是劲！比如一位计算机工程师，在帮助他消脂变壮后，他重拾信心最终成为外企高级主管还娶到了美娇娘。

我指导过瘦弱的男孩，让他变身肌肉猛男，甚至还成为专业的健身教练；也帮助孕妇产后迅速瘦身，恢复苗条身材，还有许多工作时间不固定的演艺圈天王、天后们，帮助他们练出好身材……

自序

不论你工作再怎么忙，哪怕身兼无数职责，我相信当你真正了解自己的身体机能后，再配合正确的饮食观念和适当的恢复休息，一定能越练越轻松，越练越精准，越练花的时间越少，身材还能越来越好！

朋友们，**“信心若没有，行为是死的！”**勇敢面对阻碍你前进的各种问题，你准备好了吗？

借由这本新书，我希望能通过健身 25 年的经验和观念来帮助读者跨越各种障碍，发掘自己的内在动机，找到新的态度和生活方式。我想要告诉大家**“健身，就能改变人生”**，诚挚地邀请你和我一起变变变变变！

刘 畊 宏

前言

别怕难坚持，健身只会

越做越轻松

从第一本书出版到现在，已经过了 10 年，我也从血气方刚的 30 岁男生，转变成一个 42 岁的男人。从单身迈入家庭生活，同时也升格成为两个孩子的爸爸，而我接触健身的时间，从 17 岁开始到现在，已经足足有 25 年之久！真是时光飞逝啊！每次因为工作关系认识新的朋友，他们在听到我年龄的同时，几乎都会同步惊呼："天啊！畊宏，你怎么看起来这么年轻！你是怎么办到的呢？"紧接着，就是一连串与健身相关的问与答，因为大家实在是太好奇我在年龄不断增长、工作日益忙碌以及家人需要我更多陪伴的情况下，时间基本被瓜分得所剩无几了，居然还能维持这样的完美体态，拥有健康且充满活力的身体，简直不可思议！

不过，每当我说出自己只是靠着持续运动和均衡饮食这两个再普通不过的方式保养时，大家总是一脸不敢置信，没想到保持完美体态与健康活力的身材这么容易就可以做到。这虽然听起来简单，但里面可是有学问的。

从以前主持美食节目开始，喜欢上山下海到处发掘美食的我，就很喜欢和各处结交的新朋友开心聚餐、分享生活点滴，如果这种开心时刻，你还要跟朋友说："抱歉……因为我怕胖，所以不能大吃大喝……"然后眼巴巴地看着大伙儿大快朵颐，不是很煞风景吗？重点是，这种痛苦的忍耐方式你一定坚持不了多久，甚至很可能会放弃原来的计划而大吃大喝，比减肥前还重，不但效果不佳，还要忍受饥饿之苦，多难受啊！

所以，我非常能理解这样的心态，因此采取了更健康的方式来控制体重。后来我发

现，长期保持**重质多于量的运动习惯**，然后在**对的时间吃对的东西**，就能形成**好的易瘦体质**，如此不但可以跟朋友一起聚餐享用美食，更可以轻松保持好身材。就算有一阵子没健身，也能在短时间内，恢复原有的身材线条。这一切，全都是因为我已经将身体调整成好的体质，所以根本不用担心复胖或是中年发福。

因此，借由这本书，我想跟大家分享一路走来的**亲身健身经验、超简单运动养成以及不挨饿依旧能享用顶级美食的**方式，教你怎么改变自己的体质，拥有人人羡慕的活力健康好身材。而且，我想要带给大家的运动观念，不是待在健身房里做训练，或者只是借由一些健身器材，达到运动的目的。我想要告诉你的是，通过健身运动，可以坚强你的意志、打开你的视野、丰富你的人生、活络你的人际关系，从中塑造出领袖特质与能力，它会进而改变你的人生。这，才是我想通过运动带给大家的前所未有的体验。只要你跟着这本书所教授的观念与动作，一步一步慢慢跟着做，你绝对能从中受益，拥有好身材、好体力与美好的人生。

前言

健身的 7 大好处，启动美好人生

好处 benefit 1 年纪渐长，但体能依旧，专注力与工作效率也大大提升。

人的能力随着年纪增长会有所提升，但是体力却不一定。

50 岁之前都是奋斗的年纪，应该要好好把握，在这之前努力打拼。然而，从单身一个人到交男女朋友、成家立业、有小孩，每个人空闲的时间只会被瓜分得越来越少；工作也可能从一个产业跨足到两个产业、甚至三个产业，所以，要怎么在有限的时间内，调整自己到随时随地都准备好的状态是很重要的。要有好的体能冲刺人生，更要从年轻开始存储体力、练习健身。

我所分享的运动观念，绝对不是要让你的生活更疲惫，反而是借由工作、休息的片刻，**利用碎片式时间达到充分的运动量并增加体能**。这样的方式会让你的专注力更好，工作效率更高；希望你的体能肌力随着年纪慢慢增加，而不是因为忙碌变得越来越差。让你 30、40、50 岁都还是一条活龙，而且健身的时间反而比年轻的时候少。**这一切都来自于体质的根基打得好，日后只要简单的运动，就可以轻松维持最佳状态。**

我还记得不久前，在忙碌地开了一整天的会议后，晚上还去参加了朋友的生日派对。大家看到我都惊呼：“你怎么比上次见面时更年轻了？”这正是因为我在加强运动之后，各项状态比以前更好了。即使隔天的工作仍需要一整天用脑，我也依然可以保持最佳状态，而且体能表现完全不会输给年轻人。

所以，体能储存应该从年轻时就开始做。如果你已经不年轻了，更要从现在就开始训练。到年纪大时，可能一周只需去一次健身房，到户外打一次篮球，其他时间就都留给家庭，跟小朋友互动、带着家人去泡温泉、去骑车、去海边……这些都是需要好体能的你陪着家人一起做的。因此，不管你现在多少岁，都应该赶快投入运动健身的行列，为自己的体力储存本钱，这才有机会过更轻松的人生，享受更好的生活。别说你没时间，我也很忙，只要你愿意，你一定可以做到！

好处 benefit 2 别练一身死肌肉，让身体灵活运动。

很多人健身只是为了追求一身强壮的肌肉，但是，如果不能将肌肉真正灵活运用在生活当中，那也只不过是一个“体形好看的男人”罢了，并不是真正的“真男人”。

我想要告诉大家的一个正确观念是：**健身运动除了减肥之外，还有一个重点是要让自己变强壮，不管是在身体上，还是心理上**。然后，可以到户外去做各种运动，在日常生活中，也可以运用你的肌肉去做更多事情，让肌肉被使用，才能真正达到健身的目的。

很多男生都有这样的误解，健身就是“练肌肉”而已；时间都花在健身房里，但练出来的肌肉却没有好好运用，导致肢体不够灵活，不够有弹性，这都是因为没有做很好的放松或其他的运用，导致肌肉变得僵硬。所以说，练肌肉根本就没有达到它应该要有的目的。就算你的肱二头肌可以举起 30 磅、50 磅的哑铃，但是若没有真正派上用场，也只是像一台外形超好看的汽车，被放置在橱窗里观赏，而没有真正在陆地上跑，没有达到它该有的效果，非常可惜。

所以我鼓励大家，不管是在健身房还是在家里健身，都一定要把成果用在各项户外运动或日常生活里。借由这些运动与生活上的应用，你才知道自己需要练什么样的肌肉，加强哪些部位。

好处 benefit 3 运动让你的家更有爱！

在外打拼了一整天，大部分的人回到家多半是疲惫地瘫在沙发上看电视放松，对小孩希望你陪伴他玩耍的哀求，心有余而力不足，因此，小孩也只好有样学样，跟着你一起看电视，你和小孩之间的亲子关系，就这样在看电视的时光中不见了……等到长大后，才责怪孩子不听你的话，感觉你跟他有代沟，那是因为你从他小时候开始就不跟他说话！

或者，觉得自己在外辛苦工作，回到家就要太太尽心服侍你，但是你从来没有在乎过她的感受，导致夫妻没有互动，感情变差。很多人就是因为这样，家庭关系才发生问题，回到家后反而不能好好放松休息，而是要解决更多的家庭问题，搞得更筋疲力尽，变成了恶性循环。

男人除了平常工作忙碌之外，还是家庭的火车头，要为家庭负责，帮太太分忧解劳，一起照顾小孩。当我们带着小孩出去玩儿，小朋友被蚊子叮了，我就要有今晚大概没得睡的思想准备，因为我怕他自己抓痒抓破皮，搞不好会得蜂窝性组织炎，所以晚上要细心照看着、帮他擦药，让老婆晚上睡得好，她白天才能有更好的状态照顾孩子，这就是身为父亲的责任，责无旁贷，而不是只等着被照顾、被伺候。相反地，你还要在生活中带给老婆情趣和浪漫，这样家庭婚姻生活才能够美满，才是良性的正向循环。若能与家人培养共同喜爱的运动，那就更棒了！

然而，照顾小孩、帮太太分担家庭生活琐事，这些都需要你有良好的体能与体格，才能够胜任，否则就会被忙碌打败，或体力超支不堪负荷。所以，运动不只是身材变好而已，还会让家庭关系更和谐呢！

好处 benefit 4 成为更棒的运动玩家，开拓更好的人际关系。

上帝创造人类真的是非常奇妙，包括人体的肌肉组织、神经系统，等等；我们需要好好了解自己、认识自己，才能让有限的运动时间发挥最大的功效。

运动能帮助肌肉形成很好的协调性，因为有运动习惯的人和才开始学习运动或完全不运动的人相比，速度上会快很多，很容易上手。

前言

只是，同一项运动从事久了，容易变成劳动，减肥与雕塑效果会随着肌肉的习惯而下降，所以很多教练每天教有氧、教运动，自己还是胖胖的。不论你是游泳、打篮球、打羽毛球还是骑自行车，刚开始运动的前一两个月一定会觉得效果很好，但是三个月之后，健身效果就走下坡路了，因为你的身体已经适应了，这时候你就必须加强强度才能突破。但是，强度到底要加到什么样的程度呢？会不会让健身变成你的负担而不是享受了呢？我的建议是，与其加强强度，不如变换项目，这也是为什么我一直强调**多元运动**的重要性。

一旦打破肌肉的记忆，改换运动项目，它就会重新开始产生效能。更重要的是，通过不同的运动项目，你可以认识更多不同的运动族群，对于人际关系的拓展，也有绝对正向的帮助，对各项运动抱持学习的心态，正确的跑步姿势、游泳的技巧、骑车的耐力训练，都有它迷人的地方，等着你去发掘。要参与就要玩出点儿学问，玩出点儿名堂，你的世界也会变得海阔天空，思想与眼界也会因此而越来越广阔。

好处 benefit 5 坚强意志力、增强抗压性与激发挑战力。

因为工作的关系，我曾跟三个特种部队的学员一起训练。各式各样的肌力训练、技术训练，都能让人突破原有的极限。运动可以加强一个人的意志，在过程中发现自己的问题。例如有些人面对辛苦的运动，习惯逃避偷懒，或者是经常妥协、怠惰，等等，这些障碍都可以借由鼓励，在一次一次的加重训练、困难克服中，把自己软弱的地方训练得刚强。经过一段时间的训练，再回头检视自己有哪些不同，你一定会发现自己的意志力变得更坚强，抗压性也变得更高了。因为，那些原本以为自己做不到的事，在有好的体能、好的肌力、好的协调性后，通通都能做到了！

患有僵直性脊椎炎的亚洲天王周杰伦，就是一个最好的例子。我鼓励杰伦健身让他有突破性的改变，并在他接受我的建议后，开始帮他做训练。或许，很多动作对他而言不容易做到或者疼痛难耐，但是，看到辛苦锻炼出的傲人 8 块肌，以及变得越来越好的体力，不管再怎么忙碌，杰伦都会挪出时间来运动健身。正如他所言："健身对我而言已经是在训练一种意志力！"健身所带来的良好成效，会激发你一再挑战自己，并向上提升。

你也可以借由好的耐力和肌力，再去从事各项活动，达到不错的成绩和结果，自信心自然跟着提升，同时也帮助你的家庭、工作、人际关系有全面性的进化，而不是只会当个整天在健身房跟哑铃较劲的人。

好处 benefit 6 自我保护，避免冲突，还能拥有吃不胖的体质。

很多人羡慕我照样吃美食，甚至一天吃 5 餐，在没有刻意运动的情况下也不会胖。但这所谓的好体质，不是我完全没有健身，而是我平常利用琐碎的时间就把全身的均衡运动都练好了。然后尽量抽空一周去一次健身房，或者下雨天无法进行户外活动时，才到健身房做一些加强性的训练。

所以，在本书中，我会将动作分解得很细，不论是徒手还是利用小器材，在家里就可以训练出好体质的身材，或者让瘦巴巴的身材变壮，或者让胖胖的身材瘦下来再变壮，这些都可以做得到。当然，你也可以到健身房请教练来辅助你，或者借由健身房气氛来激励你做到。

每个人状况不同，或许，别人花 3 个月、5 个月时间练习，你却要花上半年、一年，但只要你有心、有毅力地跟着书里的动作一步一步去练习，绝对可以做得到。人生是你自己的，你也许不像隔天要拍戏或是要拍广告露腹肌的艺人一样需要在短时间内达成，但只要有一天当你脱下衣服时，能够让大家对你惊叹：“哇！你的身材怎么这么棒！”或是“你怎么越来越有精神，越来越年轻！”相信像这样的鼓励，你一定会常常听到。

而且，我发现变壮之后真的有个好处，就是不太会跟人家起冲突，因为别人会愿意跟你讲道理，而不会因为你瘦巴巴的想要欺负你，无形中也会形成一种保护作用，何乐而不为呢？

好处 7 培养领袖特质，开启不一样的新生。

benefit

运动，对很多人来说，或许是减重瘦身的方式之一，或许是健康养生的保养之道，但它对我而言，除了以上这两点原因之外，其实它更丰富并改变了我的生命。因为爱上运动，而带给我不一样的人生，开启了生命中的许多不可能。

最早练健身，是因为有次拍戏遇见何家劲大哥，我发现从影多年的他身材保养得很好，脸蛋看起来也非常年轻，一点儿都不像他那个年纪的人常有的状态。重点是，身手非常矫健的劲哥戏路也因此不受限，不管是武打戏，还是文艺戏，都可以发展。这对我有很大的启发。于是开始研究国外的健身杂志、书籍，因为当时很少有健身房，我就在家就地取材练身体，用椅子、哑铃，等等，只要是能被用来辅助运用的器材，都变成我

前言

的健身小帮手。当时的我，其实只是想让自己变得壮一些、体力好一些，也为以后的演艺之路做更充足的准备。但没想到，当你发自内心开心地去做这些事的时候，运动就不是一个时间到了该交的功课。它会融入你的生活习惯中，就好像时间到了要吃饭一样，不知不觉地，你会爱上它带来的好处，比如运动后神清气爽、不再整天觉得疲惫酸痛、变得较正面思考……种种潜移默化的改变，会让你发现自己变得不同，因而越来越爱运动，而不是“时间到了，我不运动不行了”这样的心态。

当你养成运动习惯之后，身心自然会健康均衡发展，人变得更正向思考。因为在运动习惯养成的过程中，你必须坚持，排除难关，在一次又一次的突破中得到成就感，慢慢地，你会发现自己的态度改变了，不但在生活、人际关系、职场、待人处事中有更好的表现，对于生活中的许多大小事务，也会变得更积极地去完成。这些，都是运动习惯内化带来的良好成果。

尤其会运动的人，在无形中往往会发现自己协调性还不错，即使是第一次接触不擅长的舞蹈或陌生的运动，只要花一点儿时间熟悉动作，就能借由肌群运动的原理，知道该怎么做才容易上手，会比其他人学得更快，这也是运动的优点之一。

就像之前朋友约我去攀岩，在那之前我完全没接触过这项运动，但是摸索了一番之后，我发现攀岩运用到的肌群和我原本习惯的运动有些相似，因此适应一阵子之后，很快地就跟上了攀岩的步调，并很快地交到很多新朋友，完全不会有隔阂，**可见运动也能够帮助你拓展人际圈**。

除此之外，许多运动都需要团队合作。我发现热爱运动的人比较外向开朗，这类型的人经常是团体当中比较勤快的人，做事情会思虑周全，能够服务并照顾别人，这样的人较容易成为团体中的领导者，无形中也培养了领袖特质，在他的行业里变得更加卓越。

这是领袖训练中一个很重要的观念。为什么领袖训练常常会让你挑战极限、带领团队，并且去完成某种任务呢？因为假如你没有任务概念的话，你就会变成在团体活动中只会跟着吃喝玩乐的角色。但如果你是领袖的话，你自然而然就会想要安排大家的团体户外活动，希望大家可以在享受美食之外，又能运动变健康。这时候，你可能就会安排爬山或者攀岩之旅，在欣赏郊外美景的同时，又可以健身运动，休息时间互相交流情感、分享美食……这样有心的运动安排实在是有趣、好玩儿太多了啊！

所以，运动也能训练你的思考能力、规划能力、执行能力，让你从朋友群中、团体当中成为一个领袖，让你的社交能力变好、交流能力变强，更轻松地跟人互动；在工作当中成为更优秀的员工，有更多升迁机会；在家庭当中成为更好的父母，亲子之间有更棒的氛围……这些都是能通过运动培养出来的领袖特质，全面性地提升了你的生活质量。

身为团体中的领导者，除了能够很快融入大家，更能够借由运动分享带领大家进行团康，不但增进了自己的人际关系，也在带给别人欢乐的过程中，让自己与他人都变得更快乐。这些，都是运动带来的改变与好处，**是最初我在接触运动时，根本没有想到过的“良性副作用”，所以运动真的不只是运动！**

“沙发马铃薯”正渐渐消失

后来慢慢接触健身产业后，在至今 25 年的时间里，有更多人看到我的改变了。我的健身经历与成果，仿佛带给他们希望，在心里燃起“或许我也有机会练得跟他一样精壮”的一丝希望。我觉得这是很棒的事，代表你有想改变的动力，因此，我也非常乐意分享运动的方式以及正确饮食的观念，希望帮助这些无助的“沙发马铃薯”先生们，找到人生的新方向。

当然，你要这些平常懒得动，习惯舒舒服服躺在沙发上按着遥控器的人，一下子就变得爱上运动是不太可能的。因此，在运动方面一定得循序渐进，先以能离开沙发站起来动一动为目标，再慢慢地从不吃力的生活习惯中加入运动。例如饭后先不急着坐上沙

前言

发，从帮忙收拾碗盘、收拾一下客厅杂物，再慢慢升级到洗碗、叠衣服、步行到楼下倒垃圾等等，借由这些温和的家事劳动来消耗一下热量，同时也可以增进家庭间的和谐关系。渐渐地，可以增加包括饭后散步、公园快走、拉单杠、骑自行车兜风，或者采买明天的餐点物品，等等，你会发现你的生活选项就不只是瘫在沙发上看电视而已，从

事这些运动一样可以带来乐趣，而且更真实地贴近你的生活。重点是，你的大肚子越来越小，可以穿的好看衣服越来越多，身体也会变得更健康！

噢！我忘了说，这些型男也从没挨饿或忍受饥饿之苦。他们三餐照样吃，甚至有时还吃5餐！只是，餐点适当地改以少盐、少油、少糖的方式来进食，不添加人工调味料，例如改吃气炸锅烹调的无油炸鸡，烧烤时多吃蔬菜、油花少的肉类，火锅汤底以果蔬汤代替浓郁的加工高汤等，如此一样能享受到口腹之欲，但却减少了身体的负担，对健康、保持身材都有很大的帮助。

能在这样不痛苦又轻松的情况下，循序渐进养成好的运动习惯及健康饮食法则，我的那些“沙发马铃薯”朋友们，一个一个消失了。他们很多人现在都还保持着爱运动的好习惯，除了坐在电视机前看篮球，也真的身体力行上场打球；而且我们培养感情的方式，也从最早的电话联络问好，变成了在球场上一起打球、到户外一起运动、去健身房一起训练的模式，感情反而比从前更好。

谁说，“沙发马铃薯”不能变型男？！谁说你不行的！别小看自己！

你一定可以做得到！

Chapter 1

减肥男女，从健康好体质开始

Chapter 1

别说没时间，

让运动融入生活

从 17 岁进入演艺圈到现在，我的事业方向可以说是越来越多样化。除了是电影公司的总经理，需要每天上下班之外，同时也是 KH 健身团队的创办人，必须管理健身事业，甚至还有餐饮业的经营。当然，还有艺人的演艺事业。一天 24 小时真的是塞得很满。常常会议一个接着一个开，或是出席记者会与其他工作衔接安排，步调相当紧凑。这和经常加班的忙碌上班族情形没有太大不同，但又更日夜颠倒、不规律、不定时。而且，我还是两个孩子的爸爸以及我老婆的好老公；回到家后，我必须且能够扮演好这两个角色，并没有因为白天的忙碌而失职。

在这样的生活模式下，我究竟能抽出多少时间来运动健身？相信应该很多人好奇想知道答案。要在不规则的生活作息与工作地点不固定的情况下保持身材，我选择最适合自己的方式——**融入生活的运动方式**。这也是我在这本书中想要推荐给大家的方法。只要你从现在开始，稍微调整生活模式与饮食习惯，并不用太刻意去改变什么，无形之中，你就能在吃喝玩乐中，轻松实践减肥健身之路！你会发现，**好的成果不一定和运动的量或强度成正比**，但这和你养成运动习惯的生活模式息息相关。你甚至会对减肥健身这个领域的看法大为改观，发现这件事不只是对肉感男女很重要，其实就连骨感男女也一样要养成良好的运动习惯。

休息，可以让你长肌肉

在分享运动健身之前，我想要先强调睡眠休息的重要性。因为充足的睡眠，才是减重的第一步。延后睡眠时间或熬夜，身体得不到修复，新陈代谢就会变慢、肌肉也无法养成！所以，不管你熬夜加班到几点才回家，洗个热水澡好好放松身心，钻进被窝里好好睡一觉。适当的休息才能帮助你提高新陈代谢、有助于脂肪燃烧及肌肉的养成！

你有计算过自己一天睡多长时间吗？充足的高质量睡眠，对于健康减肥这条路来说，真的是超级重要！每个人究竟需要睡多长时间才算足够，其实这跟每个人的体质有关系，也没有绝对答案。但是，医学证据显示，每个人的平均睡眠应该在 6 ～ 8 个小时之间。尤其如果能选在晚上 10 点到隔天早上 6 点的黄金睡眠时间就寝入睡，则更能加速新陈代谢、肌肉养成，对于皮肤和精神状况也都很好，身体自然越来越健康。

但你一定会困惑，像艺人或其他容易因工作而造成作息日夜颠倒的人，该怎么选择休息时间才好？的确，我也无法做到在晚上 10 点到隔天早上 6 点的黄金时段休息，但我的变通做法是：用睡眠的“质量”来弥补前者提到的“量”。例如拍戏收工后，我通常会直接回家洗个热水澡放松一下，不让其他娱乐事项延后自己的睡眠，借此提升睡眠质量。

最自然无害的减重健身方式，就是**“健身运动＋饮食习惯＋恢复休息”黄金铁三角**。之后我会再跟大家分享我自己对运动和饮食的见解，但其中的“休息”则希望大家能够有充分的睡眠。从现在开始，尽早离开可以拒绝的、非必要应酬的夜生活，不要让自己在减重健身的起跑线就输了一截！而且熬夜还会造成快速老化、体能状况不佳，造成肾和肝的负担。所以，努力让自己习惯早睡早起，才是最好的“避免老化”的保养之道。

运动减压助眠法：轻松入睡，失眠靠边

如果你为失眠所苦，或者睡眠质量不是太好，那可要小心注意，这很可能是身体发出的警告，在呼唤你“该起身运动一下喽！”

洗完澡后，在床上做一些伸展筋骨的动作，或者将腿倒挂在墙上放松等，都有益于快速入眠！

现代人生活压力大，习惯性失眠问题也越来越普遍，相信你周遭这样的人也越来越多。想要改善失眠问题，甚至一劳永逸根治它，运动真的是一个非常棒的处方，强烈建议大家亲自试试看。因为运动可以舒缓你的紧张情绪、身心压力，同时让肌肉放松。另外，在睡前搭配“拉筋伸展”的小动作，将脚靠墙壁尽量延展伸直，让血液逆流约10分钟时间，此时，全身可以得到彻底的放松舒展，能够持续运动减压，再搭配舒缓伸展的动作，相信失眠的扰人问题应该很快就可以离你而去。

只要能够顾及睡眠质量，就能够产出瘦体激素跟生长激素，提升新陈代谢率、有助燃烧脂肪，同时骨骼、肌肉也会得到充分的生长。

Chapter 1

拒绝忽胖忽瘦，

好体质持续好身材

“健身”这件事可以越做越轻松，只要持续做到某个阶段后，甚至可以改变你原本的体质，就算吃得多，身材也不会打回原形，回到“矮肥短”身材的可怕梦魇！在这里我真的要强调“养出好体质”的重要性，这样好身材及健康之路才能长远，不会出现所谓的忽胖忽瘦、溜溜球效应等。

每次趁着忙碌的休息空当到健身房练身体时，经常会有健身教练跑来开玩笑说：“畊宏，我看你来健身房的时间不多，来了也只是像在玩游戏一般，简单地玩儿一遍健身器材，竟然可以维持这么好的身材，真羡慕你有好体质啊！”其实我不好意思跟他说，我那天去是因为脚扭到，去做一些舒缓运动拉拉筋……真的不是特意去运动的。

不过，我并不是大家口中说的“天生好体质”，不用运动也不会胖。拥有好体质，是因为我一直以来默默坚持的生活作息和运动方式，长期积累下来，才能呈现出这样的标准体态。只是因为大家没看见在这

之前我的努力坚持，才会误以为我特别幸运，不用勤跑健身房就能拥有好身材。事实上，我的身材绝对不是凭空而来。认识我的朋友们，可能对我有这样的想法："畊宏可以两三个月不健身，只靠打球和一些户外运动保持身材，只是肌肉尺寸不那么大……"他们说得一点儿都没错。真的没空健身的我，虽然肌肉尺寸没那么大，但体脂肪却不会增加！而且当我有空再开始健身时，我很快就能练出原本的体态线条，相当轻松！这个秘密就在于我已经有长时间积累的基础，也就是别人眼中的"好体质"。就算要拍广告，需要露上半身的画面或者拍书籍照片，我也顶多一个星期抽一两次空去健身房训练，因为我真的没有时间。

Chapter 1

因为有了“好体质”作为基础，相对的也不用一直花大把钞票与时间往健身房跑，还能将原本要待在健身房的时间，拿去做其他重要的事，或是其他户外运动。换句话说，**一旦你拥有了好体质，剩下的时间还可以拿来过“正常的生活”，享受人生，不用过随时战战兢兢克制自己的饮食、疯狂健身的紧绷生活。**

所以，千万不要把健身、减肥变成你生活中痛苦又困扰的事情，那反而会让你对它产生压力和抗拒，越来越不想去执行。如果现阶段你正处于健身、减肥瓶颈期，那就不妨试着了解我的习惯和想法，对比一下这和你目前尝试的减重方法有哪些不同，去做一些习惯调整，你就能享受健身运动这件事，把它当成你生活中再自然不过的一部分，乐在其中，而且好处享不完。

Chapter 2

破除迷思，别让身体受伤而不自知

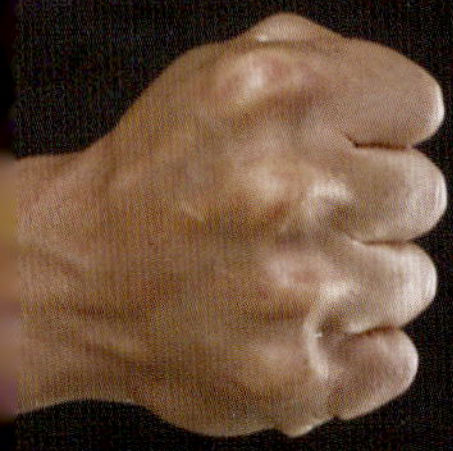

Chapter 2

健康警示：

别把错误观念当神话

要做好一件事，一定要有正确的观念与方法才能事半功倍。所以我必须先帮大家破除一些在减肥健身中，可能会听到的近似“神话”的观念。如果完全相信这些，你到达的可能不是“好身材”的天堂，而是把身体推向“不健康”的地狱，让身体受到大大小小的伤害却不自知。我看过太多案例了，而报纸杂志也常有这类的报道。

所以请大家一起检查自己是否正处于这些减肥健身的“迷信”之中，赶紧转个弯，朝正确的方向和方法前进吧！

迷思 1

练健身 ≠ 练举重

健身是可以越练越轻松的，因为一般人追求的是匀称的好身材线条，大可不必像训练奥运举重选手般那么辛苦，这也是我一向坚持的健身观念。我曾经在健身房遇到过一位六十几岁的老先生，为了让肌肉的“尺寸”不走样，他进行的重量训练竟高达80~100 公斤，还反过来讥笑我：“年轻人，你竟然举这么轻的哑铃？”可是他的线条却走样得很严重！

的确，这是健身运动普遍存在的现象。不论是一般人还是专业健身教练的教法，对于健身所需要的重量训练，几乎都是不断地加重训练的“重量”跟“分量”，就我看来，这样比较像在训练举重选手，并不适于单纯想要通过健身运动练出好看线条的“普通人”。再说，像选手般增加重量和分量的方式会越练越吃力，若没专业教练陪同，一般人不容易持久，虽容易练出大块的肌肉，但线条却不好看。加上用**这种强调重量和分量的健身方式，也不适合人的体力发展和生命周期趋势**，在违反身体本质的超重训练下，受伤概率反而会大大提升，一旦受伤了就无法运动了，复原的时间也会拉得很长，对身体健康和身材的保持，也有不好的影响！所以，应该选择的是长远且可稳定坚持的健身方式，从身体可以负荷的运动循序渐进慢慢增加，才能维持健康好身材。

迷思 2

大≠美，

线条才是王道

大家不要再误认为把肌肉练得很大块，才是完美的健身。大家不妨试想，一辆重量级的砂石车和一辆轻盈流线感的跑车，你会觉得哪台开起来比较吸引人？健身观念其实也是如此。

很多人会认为肌肉的“尺寸”很重要，所以会经常听到健身的人在比：谁的胸肌比较大块？你举多重？手臂的小老鼠多大？但是，如果只是单纯追求肌肉壮硕的外观，那不就像是以“体积”取胜的砂石车吗？**其实真正耐看的好身材，会来自于整体肌肉线条的“精细度”与“协调感”，所以我们真正要达到的目标，应该是像一辆轻盈但曲线流畅的跑车才对。**

如果你健身运动的目的，不是要成为一位健美先生或大力士，而是想练出整体比例匀称、美观的好身材，让人家看了觉得赏心悦目，自己穿什么衣服都很有质感、很有自信。那么，就请不要以大肌肉作为唯一目标，身材的线条才是我们所追求的终极目标。

Chapter 2

迷思 3

魔鬼饮食

≠魔鬼身材

施行魔鬼般的饮食方式，就一定会有魔鬼般的身材？我以前认识的一个宣传人员，他就用这样的自虐式饿肚子饮食方式，瘦下5~6公斤。他开心地跑来跟我说："畊宏哥，你看我真的变瘦了！"他是瘦下来了没有错，但是，他的身材却没有曲线可言，原本的肌肉还因为体内的营养不够而消耗掉了，反而导致脂肪层变厚，肌肉松垮垮的，而且，一旦他开始恢复饮食，摄取的热量绝对会让他快速复胖！我想，这样的"减重"成果，应该也不是大家想要的吧！

相信很多人存在着这样的观念："吃得多一定会胖，饿肚子一定能瘦。"但事实上并非如此。以这样的方式实行健身减重计划，你一定会深刻感觉"减重"是一件自讨苦吃的疯狂行为，而且会陷入恶性循环的旋涡。

通过节食而减轻体重，不但会瘦掉你想要的肌肉，而且还不见得能瘦掉讨人厌的肥肉脂肪。其原理是，饿肚子时身体为了维持血液中的白蛋白、免疫球蛋白等重要物质的制造，肌肉组织会加速分解以供热量所需。这时候，肌肉的耗损会超过脂肪，所以减轻的重量大都来自肌肉和水分，而不是真正应该要减掉的脂肪！与健康的目标根本是背道而驰。

用挨饿的方式来减肥，一般而言也撑不了太久。**等到你受不了开始恢复正常饮食，反而更容易复胖**。这样一来，之前努力节食就等于白费，瘦下来的成果也只是“昙花一现”，一下就消失不见。再说，复胖或许事小，但节食会影响身体的机能运作、循环、

成长、消化，等等，在长期营养不足的情况下，人体机能会受到某种程度的破坏，身体也会因为想维持机能运作而和你抗议，出现气色差、胃痛、容易感觉疲惫、水肿等症状。

我们的身体其实比想象中聪明，若是一天只吃一餐，它就会很尽责地把所需要、可以吸收的热量、营养储存下来，就跟冬眠动物在醒着时吃的食物热量会转成可应付冬眠时需要的厚厚脂肪一样，这样才能保证在冬眠时不吃不喝也能存活。所以，聪明的你看到这里，应该就不难理解为什么吃得少，反而瘦不出好身材的道理了吧！

我的做法是每餐一定要吃，而且要吃得均衡，最好少食多餐，甚至一天 4~6 餐都没关系。在正餐之间饿的时候，就补充一些蛋白质食品，例如茶叶蛋、全麦面包、馒头、香蕉、豆浆等等，既有饱腹感，又能够转换成肌肉生成的必要营养。当然，除了夜宵之外，吃的时间点也很重要。在你觉得不会太饿的时候吃东西最好，这样可以避免因为太饿而吃下过量的食物，反而让身体产生更大的负担与变胖的危机。

迷思4

药物≠捷径

有人为了快速达到减肥、健身的成果，会服用一些特定的药物或营养补充品，如果没有经过专业人士指导，对于身体而言，反而造成肝脏、肾脏等的负担，有时还会造成伤害，所以我并不赞成一般人去吃这样的东西来帮助健身，何况这种东西会养成一种依赖，一旦不吃，身材很容易马上走样。

特别是一些年轻人，还在发育期间，就通过吃各式各样的药物来“走捷径”，虽然可以在短时间内让自己练出很可观的肌肉，实际上却是揠苗助长，这样的肌肉组织会不健全，而且容易受伤。

肌肉的养成是需要时间、营养和休息“多管齐下”的，若是想要速成的训练方式，就更需要充足的营养、好的放松恢复和适当的休息，身体才能在健康的状态下有好的成长，而未来也好维持，不易变形走样。

Chapter 2

迷思 5 健身≠做苦工

我发现，有些人去健身房，只是想完成例行差事。他们的想法是“唉！会员卡都买了，不去也是浪费钱”或者是“人家某某某也买了健身房的会员卡。我也要”，甚至只是因为一句话“流行嘛！”

基于这种种的理由，东挪西凑，找到一点儿时间去健身房。在健身房里，脑筋一片空白，很努力、很辛苦地打完健身器材、跑完跑步机，就收拾包包回家，以为这样就完成了任务。健身对他们而言，只是一种呆板的运动、被当成程序化的工作，甚至是一件为了“赶流行”或“不要浪费钱”的苦差事，没有从健身中得到乐趣，这种心态会很容易让人放弃，成效也相当有限。

你知道吗？健身房里的跑步机、滑步机、爬阶梯、滚轮……都可以用户外运动代替。你可以跟三五好友相约爬山，顺便聊聊天、做做森林浴、在山顶看看风景，不是很有趣吗？

让运动跟生活结合，使运动变得有“目的”，是一项很好的做法。我常常骑自行车或走路去缴电费、水费或到公司开会，在这个过程中，你不用管堵车、停车的问题，

还可以想很多的事情，等到了目的地，一些事情也理出了头绪，这样既省钱又省时间，也大致规划了要做的事情，不是两全其美吗？在跑步机、滑步机上你能到哪儿？只能盯着大屏幕电视、眼睛发直，除了为运动而运动的疲惫之外，什么也没得到吧？

如果从事一些有竞争性的运动，像篮球、棒球或排球之类的，除了运动之外，还可以顺便跟朋友聚聚，这样比去酒馆喝酒、瞎聊有意义吧？

其实你在做每一种运动的时候，都要关注着那个相对应的部位，例如：在做手臂运动时，就要注意你的肱二头肌，想象着它变化，让这个相对应的部位来适当用力，这样效果比较好。加上各种运动交替的结果，肌肉线条会比较自然、修长而且容易维持。

面对运动健身的心态，应该是为了“生活的乐趣”、为了“健康的身体”、为了“增加面对别人时的自信”，而不是为了赶潮流，把“运动健身”这回事硬生生地挤进你生活的节奏里，然后变成一个“肌肉棒子”，或虽满身肌肉，但却是个身体僵硬不堪、不灵活的傻大个儿。

迷思 6

有做运动
≠ 减肥成功

时常有人跟我抱怨：他每天固定游泳，饮食也很注意，可是体重到了一个程度之后就“动弹不得”了。

你看过美国大联盟职业棒球比赛吗？照理说，运动员的运动量那么大，身材应该都维持得不错，可是，有些球员，却挺着一个圆滚滚的大肚子。

为什么呢？

每一种运动都会消耗热量，进而帮助减肥，但是同一种运动做久了，就不容易瘦了，这是因为肌肉习惯以后，就不那么费力了，减肥、健身的效果也就少了，最好的方式是选择几项你喜欢的运动，交替进行，例如：有时爬山、有时游泳，这星期常打球、下星期就常骑自行车，**让运动的肌肉不断变换，才能达到最佳的效果**。

因为肌肉有所谓的“记忆”，会习

惯同一种运动带来的热量消耗，久而久之，在这种运动的过程中，你必须用更多的时间、更多的运动量，才能让肌肉达到同一种水平的热量消耗。而且，单一种类的运动，并没有办法让我们全身所有的部位，都得到充分的利用。

所以我们要善加利用这种肌肉的“记忆”，培养多元化的运动种类，交替不同的运动方式，让减肥、健身的效果事半功倍。而且，你可以随心情或其他外在条件（如天气、有没有同伴等），变换自己喜欢的运动种类，这样不是更有趣吗？

Chapter 2

迷思 7

享受美食

≠ 肥胖

很多健身、减肥类的书，都大力向你鼓吹：要“精密”计算“卡路里”，才能减肥、健身，然后列出一张巨细靡遗、密密麻麻的卡路里计算表，告诉你吃一块巧克力蛋糕、一块美味的牛排之后，你又多了多少卡路里的热量，常常会让一些想要减肥的人，一顿饭吃得食不知味、战战兢兢。

在电影《情人眼里出西施》中有这么一句话：**“人总不能靠计算卡路里过日子！”**

光是咱们华人，就有所谓的“八大菜系”，世界之大，美食之多，更是数不胜数，如果在享受这些美食之余，还要担心“这一口又吃进多少卡路里”这种问题，实在是一件扫兴的事，不是吗？

同时，这种“计算卡路里饮食法”，实际上是不太实用的，食物的成分是复杂的，我们不太可能确切地计算出，一餐下来，到底吃下多少卡路里的热量，而且，我们也不太可能这么“机械式”、“公式化”，像一个营养学专家，分配自己的饮食种类。而且，水果甜度不同，蛋糕甜点的做法及使用的原料不一样，怎么能够计算得准确呢？

享受美食是人类本能的欲望，我们又何必做违反“人性”的事呢？

说实在的，“计算卡路里”的饮食方式，只是一种“静态”的观念，在日常生活中，就是“均衡”和“不要过量”两个原则。

人体的热量来源于三种基本的营养素糖类、脂肪、蛋白质，加上其他的虽没有热量，但却是身体各种机能运作所必要的养分，包括水分、矿物质、维生素、纤维等，才会让一个人的身体机能健全。所以，不要贸然地断食减肥，或怕胖而不吃某些种类的食物，而是要在你一天的饮食中，均衡地吸收各种身体必需的养分。

同时记住一件事，不要“过量”。有些人进食总是要“吃到饱”，但是胃要传递饱的讯息到大脑是需要时间的，其实你可能已经“吃得太饱”而不自知，以至于吃进过量的食物和热量，才会变肥。试着在每一次进食时，减少原来的分量，吃到七八分饱就停止，习惯之后，就会因此而自然瘦下来。如果吃得太多，在吃饱后两个小时，赶快去运动，别让一些不必要的养分在身上停留。

有点儿骨气！多吃就多动嘛，有什么好怕的！

Chapter 2

迷思 8

多花一分钱

≠多瘦一寸肉

很多人为了减肥，不仅费尽心思，也砸下大笔的银子，结果身体没有瘦成，荷包倒瘦了不少。这些需要砸钱的减肥法，实在是五花八门，问题是，**减肥不见得“一分钱一寸肉！”**

很多人认为有效又速成的减肥法就是“减肥药”。减肥药的成分不外乎中枢神经抑制类（抑制食欲）、影响摄食类、降低可利用营养素类、增加热量消耗类4种，但是到目前为止，都没有公认最有效而且没有副作用的减肥药物，有些含有安非他命这类会成瘾的毒品成分，有些只是利尿剂，让体重因为水分的排出而暂时减轻，或是番泻叶一类的泻药，造成体液大量流失而减重。这些都会有严重的后遗症，最严重的甚至会导致脱水、电解质不平衡而死亡，你不害怕吗?

我们常看到一些美容减肥机构推出令人目不暇接，而且索价不低的大小疗程，标榜“快速减肥”的神奇效果，例如：推脂减肥、淋巴排毒、红外线太空舱、减肥膏、抽脂等等。但是，这些减肥法并没有医学上的根据。减肥的正确原理，说穿了，就是“脂肪”的消耗，而脂肪的消耗，必须通过燃烧，转化为能量的“化学作用”才能完成。

很多人会去买各式各样、标榜可以燃烧脂肪的减肥膏、减肥霜、减肥沐浴乳，等等，拼命往身上擦、抹、涂、推，效果却有限，原因在于，这些东西根本无法渗透皮肤深层的脂肪去帮助分解和燃烧。

如果你不想运动，或者不想改变错误的饮食习惯，却又想减肥塑身，从而把那件你想了很久的衣服穿上身，唯一有效的途径，大概就是抽脂了。但是，抽脂是万灵丹吗？那可未必！抽脂只能对付“局部肥胖”，而不是“全身肥胖”；由于抽脂手术需要全身麻醉，所以并不适合有高血压、心血管疾病、糖尿病等的患者，偏偏这些疾病又是肥胖者常见的附属品；此外，抽脂是有“量”的限制的，需要“少量多次”地进行，若是超量抽取，会引起肺水肿或失血过多而死亡的严重后果。

如果你还在迷信“花大钱减肥法”，迷信一大堆看不懂的“医学术语”，请你醒醒吧！**减肥其实是有价钱公道又有效的方法，不要花了大钱又伤了身哦！**女人维持苗条的身材，男人保持强壮的体魄，没有这么困难！（在后面章节将告诉你一劳永逸的方法！）

迷思 9

减重食品

≠ 难吃食品

很多人可能都理解要成功减重，得靠从运动与饮食改变做起，甚至以为从此要与麻辣烫、火锅、牛排等高热量餐点告别，取而代之的食物会是无糖、清淡到不行的无感食物。不要说是你，就连我光是想到，就想先举手投降，想把减重这件事留给明天去烦恼，先大快朵颐眼前的美食再说吧！

但我想告诉大家的是，如果你还停留在减重食品都很难吃的观念里，那就实在大错特错了！

因为我和大家一样喜爱美食、无法抗拒美食的诱惑，从以前主持美食旅游节目开始到现在，始终觉得可以到处走走、上山下海吃遍美食，是一件非常幸福的事！所以，我坚决认为减重不必把吃饭这件快乐的事搞得心情很差或食不下咽，这个不吃、那个不敢……真的不必把人生过得这么辛苦。

只需要把握一个关键重点：美食可以照样享用，但吃的顺序、吃对东西更加重要。例如和朋友约在火锅店聚餐的时候，我们可以请店家提供开水作为汤底，再自己加入天然

食材如西红柿、青菜、海鲜来为汤底加味，让原来的开水变成鲜甜的海鲜高汤；至于蘸酱，也可以选择以日式薄酱油加葱花、辣椒、天然调味料，来取代热量高的沙茶酱等人工调味料。只要改变这些饮食习惯，你可以照样吃火锅却不必怕高热量负担。只要懂得控制热量的摄取，减重食品也可以吃得丰富、美味，而不必跟淡而无味的食品画上等号。而且秉持少量多餐的原则，就不会因为吃过量而造成身体负担。

在饮食方面，以下也提供几种餐点选择，大家可以依照自己的喜好做搭配选择。

■ 便利店瘦身餐

现代人因为忙碌，经常以最便利取得餐点的地点作为首选，因此便利商店也就成了大家购买餐点的首选。不方便去餐厅吃饭的时候，你可以选择鲔鱼、鸡肉口味的饭团作为主食，搭配切盘水果盒作为主食前的小点心；下午有点儿小饥饿的时候，也可以在茶叶蛋、酸奶、水果、地瓜中择一作为下午茶。

■ 自制健康餐

其实最健康、最好的方式，就是自己在家亲手准备营养餐点。比起外卖餐点，自己准备更能遵循少油、少糖、少盐的健康原则。在主食方面，除了糙米饭之外，南瓜、马铃薯、地瓜、芋头也是很好的选择。很多人因为想减重，三餐都会选择低卡的餐点来吃，或是选择高纤低脂的蔬菜水果作为减肥餐，但是这样其实不健康，还是要摄取淀粉以保证身体的营养均衡，糖类摄取也很重要。蛋白质、糖类、脂肪、膳食纤维、维生素及矿物质6大营养不能偏废。

Chapter 3

超强效果、超级愉快健身法

24小时都要快乐减肥

Chapter 3

忙碌不是借口，

而是日常健身的助力

对大多数的现代人而言，要在忙碌的生活步调中，抽出固定的时间去健身房运动、健身，实在太“奢侈”了，“忙碌”也几乎成了现代人逃避运动、健身的共同借口。我的生活跟多数的现代人一样，除了吃饭、睡觉，就是紧凑的工作，不同的地方在于，我会利用零碎的空当“多动”一下！这就是常有朋友开玩笑说我是“多动儿”，随时随地都能看到我在运动的原因了。你想想，健身的时候有人陪、又可以聊聊天，不是有趣多了吗？至于休息的时间，你想怎么安排，就怎么安排，不用把时间花在维持身材上面。

习惯养成计划：边工作，边健身

像拍戏的通告中，常常会有一些等戏的零碎时间，如果用来吃零食、聊八卦，其实是很可惜的。吃下的零食，还会在不知不觉中，变成加速肥胖的“帮凶”。

遇到这种说长不长、说短不短的空当，我就会在附近做些运动，消耗热量，或者充分利用地形、小物件、随身物品等来健身、雕塑体形，例如俯卧撑、拉单杠等，既可以消磨时间、不至于无聊，也可以流流汗，让多余的脂肪不上身，保持身材，让自己看起来更有精神、更瘦、更好看，岂不是一举数得？

除了这些空当的时间外，你也可以利用早起到准备出门上班、上学前，大概 20~30 分钟的时间，**进行一些有氧或重量训练，然后洗个澡，吃过早餐再出门，不仅不会让你疲惫不堪，反而会让你的身体和精神都苏醒过来，迎接一天的各种挑战。**

或者，如果从家里到目的地的距离不长，你可以改变在家东摸西摸浪费时间的习惯，提早出门，舍弃出租车等交通工具，多准备一套衣服，以快步走的方式走到目的地，或者在到达目的地的前一两站，就提早下车走路，这就是一种可以帮助消耗热量的有氧运动，既省了钱、少了公害、省去找车位的困扰，又达成“保持身材”的“终极目标”。

以我的行程为例，假如是早上 8 点半的通告，而我家离集合地点的车程起码要半小时以上，而且若遇到车祸、堵车就不止了，如果我选择乘坐出租车，就要在 7 点 30 分以前出门。这时，我会选择提早在 7 点就出门，花一个小时的时间走路到集合地点，跟坐车所花的时间只差半个小时，有时甚至只差 15 分钟。

这样换算下来，我虽然多花了半小时到 15 分钟的时间在这段路程上，但是，我却已经在这段路程中“顺便”做了一个小时的

SEAL
TEAM
IRAQ

有氧运动，等于我今天不用再额外挪出一小时来做有氧运动，而且还省下了出租车费。

到了录像现场，还会有一些中间休息的时间，10~20分钟不等，我就地取材做一些健身的运动，累积下来，我可能在这些空当就做了 40~50 分钟、甚至一小时以上的健身运动。

这样总结下来，我在白天身体还没有很疲惫的时候，已经做完了健身和有氧运动，我可以在录完影回台北的车上，让身体稍作休息，晚上可能再去一个拍戏的通告到 11 点、12 点，收工后就直接回家洗澡、睡觉。

这一天，在最经济、最有效率的原则下，工作、运动、休息，我都兼顾到了。

这些可以随时用来运动、健身的零碎时间实在多不胜数，重点在于“做”与“不做”，一念之间的差异罢了。虽然不能随时随地把健身房带在身边，但若能好好利用这样的零碎时间，效果跟去健身房没有两样，不仅可以帮自己的荷包省下银子，也不必花休息的时间去健身房，何乐而不为?

Chapter 3

多功能的运动组合

现在是讲究“多功能”的时代，可惜，并没有任何一种运动是“多功能”的，但我们的身体却需要“多功能”的照顾，所以，我们只好自己“组合”。

简单区分，运动类型大概可以分成 4 种，各有不同的功能：

类型 1 有氧运动

就是需要长时间（20 分钟以上）供给身体肌肉氧气，可训练耐力、达到一定节奏并涉及大肌群收缩，且长时间操作下，不会让你感到呼吸困难的运动。常见的有氧运动类型包括有氧舞蹈、快走、慢跑、爬山、骑自行车、游泳、跳绳等等。有氧运动可以促进体脂肪的燃烧，强化心肺功能与运作效率，降低心血管病、高血压、糖尿病、高血脂等文明病的发生概率，身为一个长期忙于工作、学业的现代人，有氧运动是最欠缺却又最基本的运动。

类型 2 无氧运动

就是运动强度突然上升、心跳数陡升、节奏不规律以致身体无法及时摄取足够的氧气供身体各处，有时会让你有“缺氧”感觉的运动。常见的有打篮球、百米跑、举重、踢足球、打回力球、打羽毛球，等等，这类运动会强化肌肉反应的瞬间爆发力，每一个动作也是在瞬间就完成的。最好是在有氧运动让心肺功能强化到一个可以负荷的程度时，再从事无氧运动。

类型 3 肌力训练运动

可以利用哑铃等运动器材以及特定动作，帮助训练个别肌肉群，例如胸部、臂部、臀部、腿部等等，借以强化肌肉耐力、美化肌肉线条、改善身体的不良姿势。

类型 4 柔软度训练运动

就是在主运动前后所进行的一些伸展、暖身运动，例如各种伸展操、暖身操等。这种运动的重要性在于，帮助身体肌肉、关节活络起来、保持灵活跟弹性、避免贸然进入主运动而带来的酸痛甚至拉伤、挫伤、扭伤等不必要的运动伤害，平常久坐办公室或教室，也可以利用空当做做柔软度训练运动，避免肌肉僵硬以及酸痛。

这些运动类型，是每一个想拥有好身材的人都需要的。以我个人的经验，我就有多元化的运动类型组合，也许这星期挪出几天去爬爬山、游游泳、做一些重量训练，下星期我就跑跑步、打打篮球。一来不会因为长期从事单一种类的运动而觉得枯燥、乏味，甚至有想放弃的念头；二来也可以借由不同种类的运动达到不同的健身效果，面面俱到，全方位地照顾自己的身体。

有氧运动最快乐

做有氧运动可帮助燃烧葡萄糖与储存在体内的脂肪，而且最好每次在 30 分钟以上，才能达到燃烧脂肪的目的。有氧运动可以增强你的心肺耐力和身体健康，对维持体重来说也相当有用。这样的运动建议可以一周安排至少三次，每次 30 分钟以上，维持心跳频率在每分钟 130 下左右，才能达到有效燃烧脂肪的功效。

有氧运动除了控制体重之外还有许多好处，比如增加身体基础代谢率长达 4.8 小时。另外，也会更有活力、减少压力，让心情更放松愉悦，减少心脏疾病和高血压的发生，这是充满氧气的血液送达全身的结果。另外，燃烧脂肪需要氧气，有氧运动会让体内的氧气变多，可加速燃烧体内脂肪；也因为有氧运动是长时间有节奏的运动模式，对强化心肺循环功能，具有显著功效。

零碎时间运动健身法

以下再详述一下，如何利用一天中的零碎时间来健身，忙碌的上班族不妨参考看看，并设计出属于自己的“零碎时间运动健身法”。

5 分钟 肌肉伸展

我的工作常常被通告、会议占据，忙了一天回到家，身体已经处于非常疲惫的状态，要在回家后再找时间做运动，实在是有点儿勉强，而且很难坚持！所以我不是设定好“有空”的时段才进行运动，而是在忙碌之间的空当，例如等待节目开播前的 5 分钟，或是和厂商开会前的 5 分钟，就把握时间让身体动一动，比如做肌肉伸展，也有放松舒压的效果。一天下来，累积了多次这样的 5 分钟伸展运动，晚上回到家就不需要再拨出时间做运动，洗完澡立刻就能放心倒头大睡。如果你也是属于这种从早忙到晚的陀螺型族群，这种利用 5 分钟就能运动的方法一定要付诸行动。现在，不妨就立刻起身动一动吧！

15 分钟 散步、快走

在前往工作目的地前，我习惯先查询交通路线来决定自己该如何前往。若能以步行方式到达，我就会调整自己的时间，以步行作为一日运动的开端。

如果时间真的不够，那我就会先搭乘公共交通前往，然后提前两三站下车，接着用快步微喘的步伐走到目的地。所以，不管是上班族还是学生，在上班上课时也同样能为自己制造这样的 15 分钟小片段，利用散步、快走来运动，完全不用另挪出额外时间做运动。

30 分钟 骑自行车

如果有比较充裕的时间，例如 30 分钟以上，那就不妨骑自行车抵达目的地吧！这样就地取材的运动方式，除了能达到活动身体的目的，还能当成交通工具前往目的地，一举两得。最重要的是，不用特意抽时间去健身房运动，生理、心理都得到了满足与放松。这些都是利用零碎时间让自己动起来的好处，还可以把省下来的运动时间，拿来做其他休闲活动，这不是很好吗？

让肌肉得“失忆症”，
健身效果大不同

你知道肌肉也会“记忆”吗?

改变肌肉的“记忆”，让肌肉得“失忆症”，健身效果从此“大不同”！

有次录像哈林问我，他这阵子几乎每天都在做仰卧起坐、跳绳，刚开始真的瘦了一圈，但两三个月后就一直维持瘦了一圈后的“规模”，没有进展成“傲人的腹肌”，为什么呢?

举另一个例子来说，一个人做仰卧起坐，一开始可能一天能做 50 下就累得爬不起来了，一两个星期后却能做到 70~80 下才会觉得累，一个月后连做 100 下都轻松得像吃饭，问题是效果却不显著，很多朋友做到尾椎的皮都磨破了，还是没有练出腹肌，越费力越无效，这到底是怎么一回事?

我们的肌肉，对于反复的动作，会渐渐“记住”它所带来的运动强度跟热量的消耗，而出现反射、习惯的承受力量，这就是我所谓的“肌肉的记忆”。因为我们的肌肉有“记忆”，所以我们会看到有些人，做了一段时间相同种类的重量训练或者有氧运动以后，疲惫程度会降低，健身或减肥的效果也连带降低。这种肌肉的记忆，也是很多人重量训练越做越重、运动越做越累的主要原因。因为相同分量运动的边际效应呈现“递减”的状态，为了达到同样的运动效应，大家只好拼命地把运动的分量、重量、时间进行“递增”。

可是，从另一方面来看，我们如果让一个可以轻松游泳半小时不休息的游泳选手，改打半小时篮球，他一定会感到“超累”，虽然是一样的运动时间，但是打篮球的动作，所运动到的肌肉群，跟游泳不一样，肌肉的记忆没有发挥的空间，我们自然可以不必加强运动的强度或加重运动的分量，却可以达到一样甚至更多面的运动效果。各位！这是很重要的观念！

所以，我们反而可以利用肌肉的记忆，骗过我们的身体，来帮助我们轻松地健身，**让你越练越轻、越练越好，等年纪大了，才不至于还要举很重的哑铃、做超出负荷的运动，导致受伤、胸部下垂、越练越胖等。**

我们要有各种不同的运动种类，在肌肉即将或已经产生“记忆”的时候，适时地变化运动的种类和所使用的身体部位，花一样的时间，让肌肉承受不同的动作，通过不同的运动强度跟能量消耗，训练到不同部位的肌肉群。训练方式交错进行，让肌肉适当地休息，有充足的营养，这些都有助于肌肉含量的增加，有利于雕塑身材。

善用肌肉失忆，“超级减肥王”突破重量级斤两

这样的多元化组合运动方式，我也把它运用在“超级减肥王”节目里，帮助那些体重一百多公斤的“重量级”参赛者，在不同重量训练交替的方式中，让原本习惯的模式一再被打破。接着慢慢加重，在我有把握的情况下，将他们的体能极限完全逼出来，发挥最大潜能。而在这些以前从不敢相信自己能减掉几十公斤的“重量级”参赛者中，最终有人达到了 60 公斤的甩肉纪录！他们在我的要求下，以运动加饮食的方式恢复体质，最后成功减掉惊人的公斤数，可谓脱胎换骨，拥抱新的人生。

我会针对每一位选手的情况，加强他需要的重量训练，让他们先规律地运动并养成习惯，等适应之后再加强，做一些突破。他们的确做得很吃力，但他们最终做到的往往都超过了他们自己认为可以做的极限。身为教练的我，知道怎样可以再增加他们的强度

却不会带来伤害，在保护他们的前提下去突破。从规律运动、组合性运动、突破性运动到协调性运动，再到极限性运动，一步步帮助他们。

当然，这也让他们吃了不少苦头。但是，我要让他们清楚地明白，每加重一次训练，就是减少一分身上的肥肉对身体的危害。而且，当他们每次咬紧牙关撑下去时，只要突破一次障碍，他们就对自己又多了一份自信，这是肥胖者最缺乏的态度。一次一次的累积，他们会对自己越来越有自信；越有自信，就越愿意去挑战下一次的难关。最后夺得冠军的选手，在感谢我们时大声喊出：**“流泪撒种的必欢呼收割！”**这也是我当初鼓励他们的话语之一！

内在的正向力量，加上外在的重量训练、饮食调整、适当的恢复和休息，正是这些超级减肥王成功甩肉的秘密武器。他们都成功了，谁说你不可以呢？！

Chapter 4

打造行动健身房

整个城市，就是你的运动场

Chapter 4

运动前的功课：因“身材”施教

你会不会常有一种感觉：“我明明已经在一个星期里瘦了两公斤，为什么我穿衣服时还是一样不好看”或“为什么我已经减肥了，我的体形还是没变”？

在一般人的观念里，常常会把“肥胖”跟体重计上的“公斤数”联系在一起，事实上，一个体重比别人重的人，并不一定代表他过胖。

看肌肉含量判断胖瘦

“体重”虽然是观察一个人“胖不胖”的指标之一，但是，更精确地说，**“肌肉含量”比例才是一个人是不是“真的肥胖”的指标**。像前面提到的例子，你确实减轻了一些体重，但自己的体形却没有改变、穿起衣服还是不好看。这可能就是因为你减少了一些水分，肌肉反而变轻，但是顽固又过多的脂肪，还是在你的身体里拥有广大的“地盘”。事实上，你还是个“胖子”，而且瘦了以后很容易就胖回来了，这就是很多人忽胖忽瘦的原因。反之，如果经过运动，脂肪降低，增加肌肉含量，就不容易复胖了。

而像 NBA 的詹姆斯大帝这种大块头，因为他运动量大、消耗的热量多、又处在一种科学而又严格的训练下，他的体脂肪比率，可能比路上随便一个苗条的女生还低，还够资格称为一个“瘦子”——大块头的瘦子。

根据医学常识，正常来说，男生的体脂率应该占体重的 14% ~23%、女生应为 17% ~27%。当成年男子的体脂率超过 25%，成年女子的体脂率超过 30%，就是医学上所谓的“肥胖”。

所以，肌肉含量比例才是决定一个人胖瘦曲线的关键。同样 50 公斤重的女生可以是曲线平坦也可以是凹凸有致哦！

根据不同的体形做不同的运动

看了我在前面所提的经验跟观念，你是不是发现：减肥、健身根本不难！它之所以难，在于你以前的某些观念有偏差，就像照着一份错误的地图导航来开车，当然永远到不了目的地。所以，我必须用一些篇幅跟大家进行经验交流，把那些因为走错方向，而认为自己一辈子都跟“好身材”三个字没缘分的朋友，拉回到正确的道路跟方向上。

现在，既然你已经回到这条正确的路，**我们该考虑的是如何衡量、利用本身的条件，让你顺利到达目的地——拥有“好身材”**。也许你像粉红猪，拥有圆滚滚的身材；

也许你像健身前的周杰伦，干扁细瘦、肚子微凸；也许你像刘至翰，是后天吃太多而发胖……只要因身材施教，根据不同的方法，好身材终究是可以靠后天努力而拥有的。

■ 大肚鱼或西洋梨形人

这种人在我看来，大多数是属于“后天胖”，以脚踝或手腕来分辨就知道，如果是“天生胖”的人，这两个地方会是“圆筒型”，而这种上身或下身局部胖的人，这两个地方还会是细的，看得到腕骨或踝骨，这种方法很容易辨识，准确度也高达 80%。

我的朋友里，很多男性因为熬夜、喝酒、大吃大喝……肚子会逐渐大起来，可是他们的腿却是细的，整个人像是“大肚鱼”一样。这是上班族或做生意的朋友最常见的发胖体形。女生则是因为生孩子、坐办公室，屁股越来越大，变成所谓的“西洋梨”。

对于“大肚鱼”或“西洋梨”体形的朋友，我的建议是先让身体“健康”再求“美观”，因为一个缺乏运动而身体不健康的人，更容易因此而导致身体的脂肪堆积、循环变慢、人看起来没有精神、脸变得浮肿。

在运动种类跟分量的分配上，我会建议这一类朋友，在下定决心减肥后，前两三个月先从“有氧运动”开始，先通过燃烧身体里囤积的多余脂肪来“减肥”，并且让自己的身体整个活络起来，养成运动的习惯，作为减肥的基础。至于健身目的的“肌力训练运动”，就只需要一对哑铃，以你可以举超过 20 下的重量负荷为原则，参照后面介绍的方法，在洗澡前举个 10 分钟就可以了。

一开始每隔一天就花 30~40 分钟来运动，而 80%的运动时间，都拿来做有氧运动，很快地，你就会明显地瘦下来了。等到人瘦了，运动的习惯也养成了，可以承受的运动量负荷也增加了，到这个阶段我们就可以循序渐进调整运动的种类和分量。

Chapter 4

圆球形人

这一类人，在我看来，多数是属于“天生胖”的体质，我的建议是要做 90%的“有氧运动”。

我不是有意要打击这种体形朋友的信心，但是，这一类体形的人，受限于他们先天的体质，累积了一二十年天生比别人多又比别人难甩掉的脂肪，要瘦下来就已经是一个比别人辛苦的过程，要让身材变得完美更是一个浩大的工程。

难道，这一类朋友就注定不可能变瘦了吗？并不是！

首先，这类体形的朋友，要在心态上有所调整，**先以“身体健康”为目的，而不是先追求“雕塑身材”**。他们要做的就是，先拉近自己跟“标准”的距离，让自己至少穿起衣服时，感觉是不离谱的。

在这种心态之下，专心地去从事“有氧运动”，把带在身上一二十年，甚至四五十年的脂肪先消耗掉，让自己从一个浑身充满潜在疾病因子的“大球”，变成一个疾病风险比较低的、健康的“小球”。在养成一定的运动能力之后，再进一步去多做一些局部的健身运动，让身体渐渐有一些线条。

我最反对的就是在一开始，给自己设定很多严苛甚至做不到的健身计划跟目标，这样保证一个月内就会让人受不了，甚至信心受到打击，直接产生“放弃”的念头。

■ 棍棒形人

我建议这一类体形适中或偏瘦，像一根棍棒的朋友，多把时间投注在“肌力训练”的健身运动上。注意运动的先后顺序，做过暖身运动之后，就可以开始做健身运动，做到一个体力负荷的极限，再用余力去做一些轻松的有氧运动，像游泳、跑步、散步之类的。

这样的方法做起来会很轻松，而且会让你很舒服。我自己常常在做完一些健身运动以后，接着游泳，游个二三十分钟，游到最后甚至觉得自己好像变成一条鱼，那种感觉真的是超棒！

这一类需要偏重重量训练运动的朋友，还必须配合一些饮食上的调整，通过足够的营养来达到最好的效果，也让自己获得相对的成就感。

Chapter 4

练出你的人鱼线

周杰伦就是一个最好的例子！

相信大家应该看过《开不了口》这支 MV，也对周杰伦演唱会中裸露上半身演出表现出来的肌肉线条印象深刻吧！我记得这支 MV 刚曝光时，很多媒体还很赞叹地说，想不到周杰伦也有这种身材，很多女粉丝也对周杰伦的身材留下了深刻的印象。

其实杰伦原本的身材是属于偏瘦而没有肌肉线条的体形，但是在一个月内，我教他“从无到有”，采用的就是饮食配合健身的重量训练。

在饮食上，我教他以摄取鸡肉、牛肉、鱼肉为主，多喝豆浆、高纤的碳水化合物，多吃富含维生素的水果，帮助他的肌肉生长，让他的体形可以慢慢从瘦变壮。

人的肌肉并不是在健身时长成的，而是在健身之后的休息时间，肌肉细胞开始进入一个修复、发展的循环过程。如果在这个过程中，得到这些食物养分的帮助，肌肉就会充分地成长，隔天再做重量训练时，也会觉得自己的肌肉很有力量。如果可以再配合充分、良好的睡眠，让你的肌肉细胞可以得到很好的修复、发展过程，那就更棒了。

不过，很可惜的是，随着杰伦如日中天的演艺生涯，他好不容易练壮的肌肉线条，在不停忙碌飞来飞去的行程中，在又是音乐、又是电影的工作行程中，完全被时间摧毁掉了。尽管杰伦的四肢还是瘦瘦的，但随着年纪增加而越来越嚣张的小肚子，却还是不留情地找上他。因此，眼尖的观众不难发现，有一阵子杰伦的服装大多比较保守，就连最有看头的演唱会，他也一样是采取华丽但保守不露的路线。原因就在于，他那傲人的肌肉线条通通不见啦！

他已经身为亚洲天王，事业版图甚至还扩展到了好莱坞，但身为他的好友，我还是希望他能够把身体再练回精壮的线条。因为这样做的意义不只在于他的身体健康、外形曲线。更重要的是，我认为他还代表着“亚洲人”的形象，他有这个力量通过“周杰伦”这个品牌，让世界各地的人知道：**“原来亚洲人的体格这么棒！”以及“亚洲人也可以很精壮，不是东亚病夫！”**

杰伦把我这番话听进去了。就在电影开拍前三个月进行密集训练，一如他决定要做就要做到最好的精神，他开始恢复以前的健身习惯，就算工作再忙，也会跟着我教他的健身运动招数，随时随地练线条。

当然，因为很长一段时间没有练，刚开始免不了会有一段痛苦的时期，而且因为僵直性脊椎炎的关系，有许多动作他都不易完成或不能做，所以对他而言挑战极大！但是，随着他慢慢看见自己久违的腹肌线条，成就感还是战胜了一切，他甚至还练出了超好看的腹肌与人鱼线。观众与粉丝们也终于有福，能在电视、电影、演唱会中，再次看见他的好身材！

那傲人的8块腹肌与人鱼线的背后代表的是杰伦的超强毅力。现在，再次恢复运动习惯的他，刚开始觉得吃力的动作现在根本已经不觉得苦，练起来易如反掌，但是持续运动对他来说，“锻炼毅力”的意义远超过“保持身材”，而这份勇于突破挑战的精神，也正是杰伦能够一直走在成功之路，成为偶像标杆的原因。

如果连周杰伦这么忙的人都可以做到！你还有理由说不行吗？

Chapter 4

就地取材 健身法

常有一些人会嚷嚷：“我好忙，哪有时间去健身房啊？”“我好穷，我哪有钱去健身房啊？”

健身房虽然有教练、有器材、有服务，可是，并不是每个人都有机会去到那里。整体归纳起来，理由不外乎欠缺“时间”或“金钱”。

就算你有钱、有时间，却不能把整座健身房，像移动电话一样带在身边。在你想动一动，偏偏自己所在的区域找不到健身房的时候，你又该怎么办呢？直接放弃动一动的念头吗？

不管你是现代都市的“忙人”、没有余钱的“穷人”、不想费神找健身房或运动地点的“懒人”，还是随时随地都想动一动保持身材，却没有健身房可去的“多动儿”，我来教你一套“就地取材”的健身方法。只要利用手边的几张椅子、桌子、栏杆、绳子或一些简单的器材，就可以拥有一座不花钱、随时随地可得的“行动健身房”，让你轻松练出好身材！

适合女生的运动

SPORTS FOR WOMEN

我曾经看过许多类似的例子：年纪轻轻的女生，因为被男友嫌胖而分手，原本以为失恋会让人消瘦，没想到这些女生却“化悲愤为食量”，靠着大吃大喝来抚平情绪，结果在自己的体重直飙上百公斤后，才惊觉自己的感情跟身材都真的“回不去了”。

为了不想让分手的男友看扁自己，才奋发图强寻求专业机构来减重，最后摇身一变成为女神，要让甩掉她的薄情郎后悔！这些女神们瘦下来的原因，除了养成基本的运动习惯之外，当然也包括改变后的饮食习惯和生活作息。更重要的是，她们除了控制体重之外，也学会管理自己的情绪，不让心情伤害身体。

还有一些漂亮的女生，因久坐办公室或没有固定的休闲运动，随着年纪增长身材渐渐走样，真的很可惜。所以，女生们真的要学会更爱自己，为自己活得更漂亮、更精彩，才值得对的人来爱你。在这里我也要分享一些让女生身材变好、线条变美的运动方法。姐妹们，准备开始跟着一起动喽！

Chapter 4

美人肩背 / 臂运动

这一系列运动可以雕塑女生的肩膀、手臂肌肉线条，让你远离虎背熊腰，随时随地露出迷人好看的臂膀线条。

---

1 美人肩背部运动

锻炼部位： 肩膀、手臂。

功效： 这个动作可以修饰女生的肩膀和手臂线条，让手臂、肩膀的肌肉变得结实，变得延展而修长，展现性感曲线。

训练组数： 一组动作做 10 下，共 3 组；每组中间休息 1 分钟。

① 坐在椅子上将背部挺直，手掌心朝内握住矿泉水瓶（水量依个人情况自行调整），手自然垂放。

② 手缓缓向外侧往上举起，同时吸气。

③ 将双臂举到与肩膀成一条水平线后，稍作停留。

④ 接着，再吐气，把手缓慢放下，恢复到原来的位置。

2 美人肩臂部运动

锻炼部位：肩膀、手臂。

功效：这个动作可以修饰女生的肩膀与手臂前侧、中间肌肉，让手臂、肩膀肌肉变得结实，线条更好看。

训练组数：一组动作做 10 下，共 3 组；每组中间休息 1 分钟。

① 坐在椅子上将背部挺直，手掌心朝后握住矿泉水瓶（水量依个人情况自行调整），手自然垂放。

② 手往前平举，同时吸气。

③ 将手举至与肩膀同高，稍作停留。

④ 吐气，将手缓慢放下，
恢复到原来的位置。

3 手臂肌肉运动

锻炼部位：手臂二头肌。

功效：这个动作可以锻炼女生的手臂二头肌。

训练组数：一组动作做 10 下，共 3 组；每组中间休息 1 分钟。

① 坐在椅子上将背部挺直，手掌心朝前握住矿泉水瓶（水量依个人情况自行调整），手自然垂放。

② 手肘贴紧身体，手臂缓慢往上弯举，同时吸气。

③ 举至手肘呈现最大弯曲，肱二头肌肌肉有运动的感觉即可。

④ 接着，慢慢吐气将手肘往下恢复原来姿势。

Chapter 4

消除蝴蝶袖运动

这个动作适合消除“蝴蝶袖”，让你的手臂变得结实好看。蝴蝶袖就是挥手说“拜拜”的时候，腋下到手肘之间的会严重抖动的讨人厌的赘肉。

1

三头肌训练运动①

锻炼部位：手臂三头肌。

功效：这个动作可以锻炼女生的手臂三头肌，消除蝴蝶袖。

训练组数：一组动作做 10 下，共 3 组；每组中间休息 1 分钟。

01

① 右脚往前跨一步呈弓箭步，身体微微向前倾斜 45°，从颈椎到左脚跟呈一条直线。左手握住矿泉水瓶，左手肘呈 90° 角。

02

② 左手肘往后拉伸，手臂贴紧身体。

03

③ 持续将左手肘往后拉伸，直到左手肘呈直线，再缓慢回到原姿势，换另一边做同样的动作。

Chapter 4

2

三头肌训练运动②

锻炼部位： 手臂三头肌。

功效： 这个动作可以锻炼女生的手臂三头肌，消除恼人的蝴蝶袖。

训练组数： 一组动作做 10 下，共 3 组；每组中间休息 1 分钟。

① 坐在椅子上，身体挺直，握住矿泉水瓶，手肘弯曲 90°，把水瓶放到后脑勺的高度。

② 手肘往上推直，同时吸气。

分解动作正面示意图

③ 持续将手肘往上拉伸，直到手肘呈直线。
再换另一只手做同样的动作。

哹宏提醒

这个动作的要诀在于“量多”，也就是做得越多效果越好，女生们不妨在看电视的时候，边看边做！越坚持，胸部上方的锻炼会越多，胸大肌、三角肌、三头肌部位都能锻炼到。

Chapter 4

翘臀、长腿、平小腹运动

这组动作是针对小腹、臀部、大腿三个部位而设计的，具有提臀、缩小腹、修饰腿部曲线的功能。

1

前踢运动

锻炼部位：大腿前侧肌、下腹部肌群。

功效：这个动作可以修饰女生的大腿曲线，让下腹部更平坦。

训练组数：一组动作做 10 下，共 3 组。

① 手扶着椅子，
上身挺直。

② 吸气、提臀（将臀部肌肉夹紧），将左脚往前踢至 75° 左右。

③ 吐气，左脚缓慢回到原姿势。换另一只脚做同样的动作。

2 侧踢运动

锻炼部位：大腿外侧肌、臀部、侧腰部。

功效：这个动作可以修饰女生的大腿、臀部、侧腰部曲线，让下半身线条更迷人。

训练组数：一组动作做 10 下，共 3 组。

① 手扶着椅子，上身挺直。

② 吸气、提臀（将臀部肌肉夹紧），将脚缓慢往外抬至 45°，然后吐气回到原姿势。换另一只脚做同样的动作。

3 后踢运动

锻炼部位：大腿后侧肌、臀部、下背部。

功效：这个动作可以修饰女生的大腿、臀部、下背部曲线，雕塑出好看的下半身线条。

训练组数：一组动作做 10 下，共 3 组。

昕宏提醒

这个系列动作最重要的不是把腿踢高，而是吸气、提臀、弓绷脚掌等三个动作，这样才能完整地用到小腹、臀部、腿部的力量，完成这个踢腿动作。

① 参照侧踢运动的步骤一，手扶椅子，上身挺直。
② 吸气、提臀（将臀部肌肉夹紧）、将腿部往后抬至 75° 左右。

③ 吐气，回到原姿势。换另一只脚做同样的动作。

适合男生的运动

结实的胸膛，不仅是男生最盼望拥有的肌肉线条，也是许多女生眼中性感指数最高的象征。只要跟着以下的动作示范，就能让你轻松练出无敌胸脯。成为女人无法“一手掌握”的男人。

胸肌训练运动

1 跪姿俯卧撑运动（基础版）

锻炼部位：胸大肌、三角肌、三头肌。

功效：手臂还没有强壮力道可以做多组俯卧撑的人，可以采用这组基础版动作，一样可以训练到胸肌、三角肌、三头肌。训练起来较轻松。

训练组数：一组动作做 12 ～ 15 下，共 3 ～ 5 组。

① 手掌撑地，比肩膀宽一些，双腿屈膝 90° 跪在地上，呈跪姿预备姿势。

SPORTS FOR MEN

② 接着带动身体往下，做俯卧撑动作。下去时，腹部要用力紧缩保持稳定。

③ 保持上半身打直将身体往上推，回到原来的姿势。

2 原始俯卧撑运动（基础版）

锻炼部位： 胸大肌、三角肌、三头肌。

功效： 基础版俯卧撑动作，可以训练胸肌、三角肌、三头肌。

训练组数： 一组动作做 12 ~ 15 下，共 3 ~ 5 组。

① 双手打开比肩宽一点点，双脚与肩同宽。呈俯卧撑标准预备动作。

② 手肘弯曲至与地面呈 90°，带动身体向下，做俯卧撑动作。接着用手肘往上支撑，将身体往上带回，回到原来的姿势。

3 篮球俯卧撑运动（升级版）

锻炼部位：胸大肌、三角肌、三头肌。

功效：基础版俯卧撑动作的升级版，可以训练胸肌、三角肌、三头肌，让支撑的单手肌耐力更强。

训练组数：一组动作做 12 ~ 15 下，共 3 ~ 5 组。

① 预备动作与基础版俯卧撑相同，但左手换成按住篮球，以篮球代替左手支撑。

② 手肘弯曲至与地面呈 90°，带动身体向下，做俯卧撑动作。没拿球的那只手，下去的时候支撑重量会多一些，肌肉用力度会更强，可帮助训练肌耐力。

③ 用手肘往上支撑，将身体往上带回，回到原来的姿势。

4 单手俯卧撑运动（升级版）

锻炼部位：胸大肌、三角肌、三头肌。

功效：与篮球俯卧撑有异曲同工之妙，可以训练胸肌、三角肌、三头肌，但是单手支撑的肌耐力会更强。

训练组数：一组动作做 12 ~ 15 下，共 3 ~ 5 组。

① 预备动作与基础版俯卧撑相同，但左手背在臀部上方，以单手支撑。

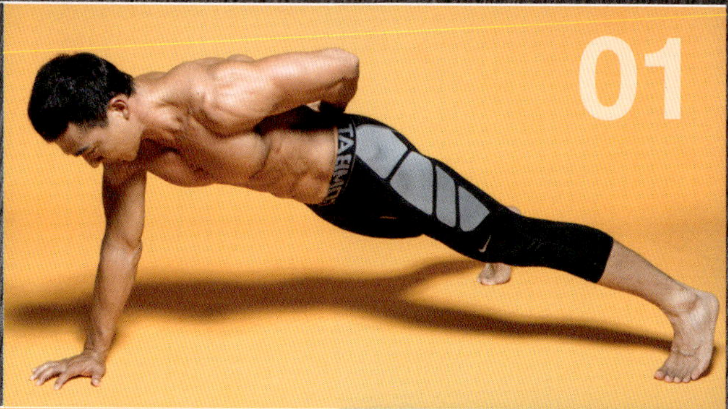

② 单手手肘弯曲，带动身体向下，做俯卧撑动作。下去的时候，单手承重度会更强，肌耐力训练也会更强。

③ 用手肘往上支撑，将身体往上带回，回到原来的姿势。

5

壁虎俯卧撑运动（升级版）

锻炼部位：胸大肌、三角肌、三头肌。

功效：这个动作对于男生最在意的胸部可以有很好的锻炼，而且动作难度慢慢往上增强，肌肉的强度也会越强。

训练组数：一组动作做 12 ~ 15 下，共 3 ~ 5 组。

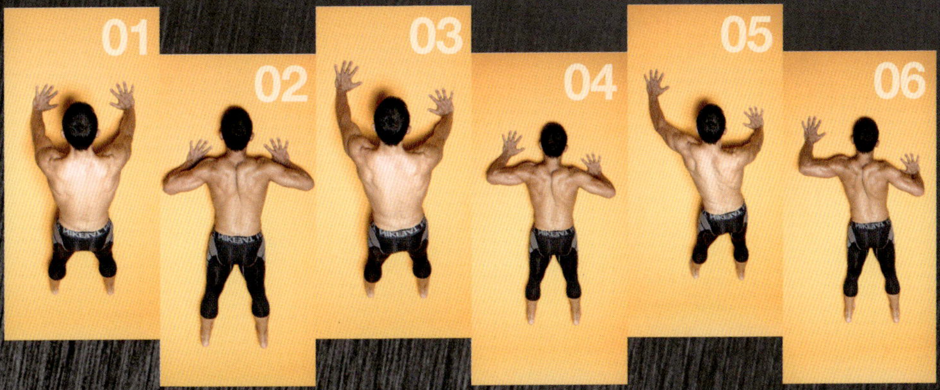

① 双手双脚打开，双手宽度比肩膀再宽一点点，呈现俯卧撑预备姿势。

② 身体下压，做俯卧撑动作。

③ 身体上来之后，左手掌往前一步，身体保持平稳，腹部用力缩紧。

④ 身体下压，再做一次俯卧撑动作。

⑤ 身体上来之后，左手掌再往前跨出一步，同样身体保持平稳，腹部紧缩。

⑥ 身体下压，再做一次俯卧撑动作。之后换右手做同样的动作。

畊宏提醒

这组壁虎俯卧撑是基础俯卧撑的升级版，可以让胸大肌充分锻炼，而且随着手越往前移动（角度越大），胸部上方的锻炼会越多。胸大肌、三角肌、三头肌部位都能锻炼到。

6

椅子胸肌训练运动

锻炼部位：胸肌、三角肌、三头肌、腹部肌群。

功效：这个动作可以锻炼男生的中胸部位，以及三角肌、三头肌、腹部核心肌群。

训练组数：一组动作做 12 ~ 15 下，共 3 ~ 5 组。

① 找三张高度一样的椅子，双手支撑在两张椅子上，并将双脚并拢，踮脚踩在另一张椅子上，如图呈现三点鼎立的感觉。

② 利用手臂力量带动身体下压，做俯卧撑动作。
③ 手肘下压到 90° ，再往上推举，一样锻炼到三头肌、腹部。

7

椅子下胸训练运动

锻炼部位：下胸、三角肌、三头肌、腰腹肌群。

功效：这个动作可以锻炼男生的下胸部位，以及三角肌、三头肌、腰腹部核心肌群。

训练组数：一组动作做 12 ~ 15 下，共 3 ~ 5 组。

① 找两张高度相同的椅子，放置距离与肩同宽。将双手支撑在椅子上，做类似俯卧撑的预备动作。

② 利用手臂的力量，带动身体微微向下压。

翀宏提醒

在做动作时，先求“姿势正确”而非“量”大，这样才能知道该项运动是训练哪个肌肉部位，才不会使错力，导致想要练的部位效果不佳。

③ 继续下压，至肩膀手臂约跟地面呈垂直 90°。此时，会感觉锻炼到的部位有三角肌、三头肌以及腹腰部核心肌群。

④ 手臂最低下压至 90°后，利用手臂力量将身体往回推至原来姿势。

完美腹肌运动

想要有结实、平坦的小腹，甚至是傲人的 6 块肌，以下的运动训练可以帮助你实现愿望。同样可以从简易版开始练起，慢慢做到升级版的动作后，你会发现，不仅有效训练了腹部，而且对修饰大腿线条也很有帮助哦！

1 椅子自行车扭转运动（基础版）

锻炼部位：腹部、侧腹肌、腰部。

功效：这个动作可以锻炼男生的腹部、腰部线条，让你不会有多余赘肉，塑造结实的身形。

训练组数：一组动作做 12 ~ 15 下，共 3 ~ 5 组。

① 坐在椅子上，身体微向前倾约 45°，下半身自然伸直，双手抱在头后方。

② 吸气，用腹部力量将身体往前带，做腹部卷曲动作，右手肘触碰左膝盖。

③ 接着换边，
用左手肘触碰右膝盖。

翀宏提醒

身体旋转的时候，腹部要用力紧缩，才能有效锻炼到腹部、侧腹肌及腰部肌群。

2 椅子屈膝伸腿运动（升级版）

锻炼部位：腹部、腰部。

功效：这个动作可以锻炼男生的腹部、腰部线条，尤其可加强腰部、下背线条。

训练组数：一组动作做 12 ~ 15 下，共 3 ~ 5 组。

① 坐在椅子上，下半身自然伸直，身体微微向前倾 45°。

② 用腰部力量将身体往前带，双腿屈膝往身体方向抬高碰到手掌。

DIESEL

昁宏提醒

这个动作是由两个连续动作所组成。脚上来的时候会锻炼到腹直肌，强度稍微高一点儿；腿下来的时候，则是用到下腰背的力量多一点儿，对腰腹有很好的锻炼效果。

③ 之后再把脚伸直，手触碰脚踝后，回到原姿势。

3

椅子伸腿拉展运动（升级版）

锻炼部位：腹直肌、侧腹斜肌、腰部肌肉。

功效：这个动作可以锻炼男生比较深层的腹部肌肉及腰部线条。

训练组数：一组动作做 12 ～ 15 下，共 3 ～ 5 组。

翀宏提醒

这个动作并不会比前一组难度高，但是会更深层地锻炼到腹直肌、侧腹斜肌及腰部肌群。

① 坐在椅子上，下半身自然伸直，身体微微向前倾 45° 。

② 身体上来的时候，维持在 45° 左右，用右手触碰左脚踝。

③ 换边做左手触碰右脚踝的动作，左右脚持续交换。

4

椅子踩自行车运动（升级版）

锻炼部位：腹肌。

功效：这个动作可以锻炼腹肌，想要让腹肌曲线完美，就用力多踩几下！

训练组数：一组动作做 12 ~ 15 下，共 3 ~ 5 组。

① 坐在椅子上，双脚往上抬高，身体微微向前倾 45°，手放在腹部上，呈骑自行车预备动作。

分解动作正面示意图

②一手扶着椅子做骑自行车的动作，上半身保持 45° 不动。借由腿屈伸直的动作，可锻炼到腹肌。

5

椅子直立抬腿运动（基础版）

锻炼部位：腹肌。

功效：这个动作可以锻炼腹肌，尽量把腿伸直到你能做到的地步。

训练组数：一组动作做 12 ~ 15 下，共 3 ~ 5 组。

① 坐在椅子上，下半身连同腿抬高，身体微微向前倾 45°，手放在腹部上。

② 用腹部的力量，将双脚往上抬直，尽量做到与地面垂直。

③ 之后再慢慢将脚放下，回到与地面平行的位置。之后重复做抬脚动作。

6

椅子侧边运动（升级版）

锻炼部位：斜腹肌。

功效：这个动作可以锻炼腹肌，尽量把腿伸直到你能做到的地步。

训练组数：一组动作做 12 ~ 15 下，共 3 ~ 5 组。

01

① 侧躺在椅子上，右手放在后脑勺，左手抓住椅子前端维持身体平衡。

② 双脚往上抬起，做腹部卷曲动作。
要点是手肘要尽量碰到外侧膝盖，能训练到侧腹斜肌的部分。

③ 外膝盖碰到手肘后，
恢复到原来的姿势。

7

椅子绕大钟运动（升级版）

锻炼部位： 腹部、侧腹、大腿根部、臀部。

功效： 这个动作可以锻炼下半身，尤其适合久坐办公室的人。可改善下半身肥胖及促进血液循环。

训练组数： 一组动作做 12 ~ 15 下，共 3 ~ 5 组。

01

① 双手叉腰，站立好，此为预备动作。

竑宏提醒

在绕脚的时候，尽量把膝盖伸直，抬高到最高点（肚脐的位置），再顺势放下。这个动作可以锻炼到很多部位，包括腹部、侧腹、大腿根部、臀部，功效非常多。

② 右脚从椅子前方划半圆形跨绕过去，再回到原点。

③ 接着，再换左脚同样做跨绕动作。

滚轮雕塑运动

这个动作要花费的力气是很大的，除了可以帮助练出腹肌之外，还可以促进全部背部肌肉跟手臂的协调，并且让它们具有延展性，对健身的人帮助很大，可雕塑出全身完美的线条。一开始，建议用“跪姿”在垫子或地毯上进行，至于高难度的“站姿”，要等到这些部位的肌肉都有一定的强度以后，再来尝试。

1 跪姿滚轮运动（基础版）

锻炼部位：腹肌、肩膀背部、手臂三头肌。

功效：美化全身肌肉线条。

训练组数：一组动作做 5 ~ 10 下，共 3 ~ 5 组。

① 手握滚轮采跪姿，膝盖是在双肩的正下方。身体与地板呈 90°，腰杆和背打直。
② 腹部用力收紧，靠腹部力量将身体往前带。

03

③ 滚轮一直往前推到超过你的头部，就可以慢慢往回收。

04

④ 回来的时候一样用腹部的力量带回来，臀部尽量保持在原本的位置。

2 站姿滚轮运动（升级版）

锻炼部位：全身肌群、腹部、肩膀背部、手臂三头肌、臀部、腿部肌肉。

功效：美化全身肌肉线条。

训练组数：一组动作做 5 ~ 10 下，共 3 ~ 5 组。

① 手握滚轮，身体慢慢往下屈，腰也同样往下压。

翀宏提醒

做跪姿滚轮运动的时候，记得速度要放慢，等到你对自己全身的肌肉力量都有把握的时候，再尝试做站姿滚轮。每组做的次数视你自己的体能状况而定，假如你可以做到 5 下就撑到 5 下，体力够的话，则可以挑战一组 10 下，至少做三组。

02

② 重心放在上半身，用腹部的力量带动身体往前推。此时会练到腰、腹、肩膀的三头肌。向外拉的时候，也会用到背部扩背肌的力量以及臀部的支撑力量。

③ 回来的时候，以腹部、肩膀力量收回，回到原来的站姿。

03

Chapter 5

男女局部减肥甩肉法

练出自己的超完美曲线

Chapter 5

循序渐进才是正确的

健身方式

在开始健身之前，我想要先跟大家讲一个正确且重要的观念，那就是依照你的能力循序渐进地练习，才是最安全、最有效的健身方式。

以下面的倒立练习来说明：

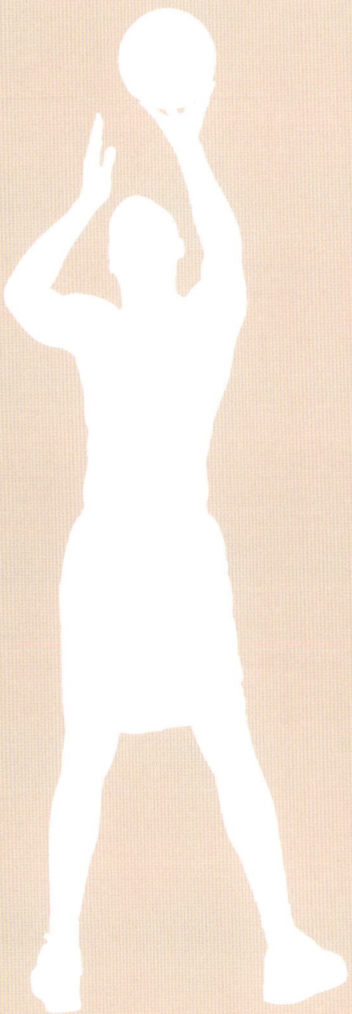

基础 Foundation 1 先练习手肘肌耐力

一般人不敢直接练习倒立，是因为肌肉没有足够的力量来完成这项动作。因此，你可以先练习将身体重量加诸在手臂的动作，从而增加肌肉的肌耐力，让手臂更有支撑力量。

01

02

03

04

01

02

03

04

基础 Foundation 2 找支撑物来练习

接着，你可以找一面墙作为辅助，先用脚靠着墙面一步一步地往上攀爬，做靠墙倒立的动作。再次加强手部与腿部的力量。

01

02

03

04

05

06

07

基础 Foundation 3 试着以和缓的方式练习

然后试着加上翻滚上墙的动作，慢慢练习靠着墙面做倒立动作。

01

02

03

04

基础 4 加上变化的加强版动作

Foundation

等到能够熟悉靠着墙面做倒立动作之后，还可以加上身体举重的动作，加强训练肌肉的能力。

01

02

03

04

05

基础 5 熟练后的加强版动作

Foundation

当基础 1 ~ 4 的动作都练习得非常熟悉后，肌肉各项强度已足以让你尝试挑战不靠墙倒立。只要熟悉要领，许多动作都能很快驾轻就熟！

01

02

03

04

Chapter 5

雕塑完美曲线的

秘密武器

这一个段落里，我要教大家的是如何使用几种简单、方便携带又省钱的器材，让你不用去健身房，就可以打造个人专属的“行动健身房”，训练各部位的肌肉线条，成为一名线条完美的猛男。

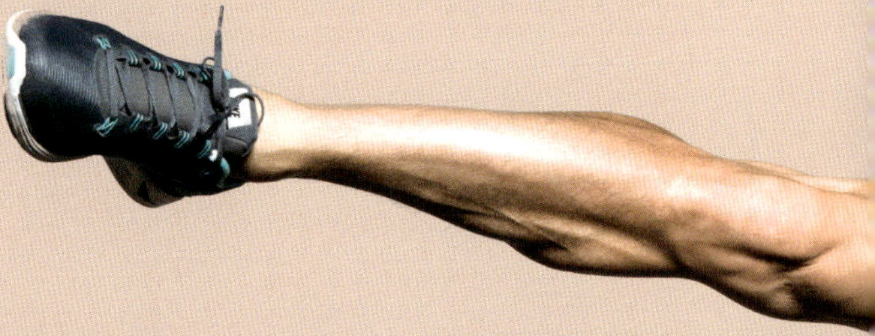

器材 Equipment 1 弹力绳

如果你要出远门或到郊外，带着哑铃总会不方便，弹力绳则可以取代它，重量又轻，携带又方便，让你可以在有空健身的时候，随时从包里拿出来做运动。弹力绳分为不同的重量，男生可以买重一点儿，女生则可以买轻一点儿，正如哑铃磅数的差别。

器材 Equipment 2 行李袋

前面有提过，健身最重要的意义在于能将肌肉力量发挥在日常生活的各项活动中，包括带家人去旅行时，能够帮忙提重物、拿行李，等等。因此，加了物品重量的行李袋就是最好的锻炼物品，我们能够利用它来锻炼手臂各个部位的肌肉力量。

器材 Equipment 3 椅子

椅子真的是日常生活中最常接触的物品，办公室、咖啡厅、工作室等，都一定会有椅子的存在，如此便能随时随地利用零碎时间，好好地锻炼身体局部肌肉耐力及曲线。只要能找到非滚轮式、不会滑动的椅子，就可以利用这个好用道具来勤加练习喽！

厚实肩膀

1

锻炼部位：后面肩膀、后三角、脖子附近斜方肌。

功效：雕塑肩膀线条。

训练组数：一组动作做 12 ~ 15 下，做 3 ~ 5 组。

01 02 03 04

① 手握住拉环，双脚踩住弹力绳。双脚打开，距离比肩膀宽一点点，膝盖微弯，臀部往后收，身体稍微前倾 45° 。

② 拉弹力绳的时候，前手臂垂直地面，感觉用上手臂及肩膀的力量慢慢往上拉。

③ 拉到手肘呈 90° 的位置后，此时力量会在肩膀后面、斜方肌。

④ 之后再顺势将手放回原位。

2

锻炼部位： 三头肌、前手臂。

功效： 雕塑肩膀线条。

训练组数： 一组动作做 12 ~ 15 下，做 3 ~ 5 组。

01

02

03

04

① 左脚后跟踩住弹力绳一边的拉环，双手握住另一边的拉环，前手肘弯到 90°，尽量贴到耳朵两侧，采前脚弓箭步，身体微微倾斜大约 75°，与后脚跟呈一直线。

② 慢慢把手肘往上推，拉紧。过程中会感觉三头肌的部分锻炼得比较多，然后带有一点点前手臂肌肉训练。

③ 将手肘往上拉到伸直，与身体呈一直线。

④ 之后慢慢弯曲手肘，回到原来的姿势。

3

锻炼部位：背部肌群——扩背肌、斜方肌、后三角。

功效：厚实臂膀线条。

训练组数：一组动作做 12 ~ 15 下，做 3 ~ 5 组。

① 手握住弹力环，身体微微向前倾约 45°，呈弓箭步，右脚踩住弹力绳。身体从脖子到右脚跟呈一直线。

② 右手将绳子拉紧，放在臀部旁边。用左手做单手划船的动作。

③ 像划船一样，将手肘往后划拉到靠近我们的身体，到手肘呈 90° 的位置。此时力量感觉放在背部。

④ 之后慢慢将手顺势下放，回到原来的位置。

4

锻炼部位：肩膀（基础版）。

功效：利用简易式的倒立来锻炼肩膀。

训练组数：一组动作做 12 ~ 15 下，共 3 ~ 5 组。

① 双手撑地，踮脚尖与身体呈 90°。类似瑜伽的下犬式动作。

② 吸气，手肘弯曲带动身体向下压的时候，臀部抬起来。

③ 手肘弯曲到接近 90° 时，吐气，用肱三头肌的力量将身体往上带，回到原来位置。

5

锻炼部位：肩膀（升级版）。

功效：利用简易式的倒立来锻炼肩膀。

训练组数：一组动作做 12 ～ 15 下，共 3 ～ 5 组。

① 将双脚踩在椅子上，双手撑地，做倒立的动作。

② 吸气，手肘弯曲带动身体向下压的时候，臀部抬起来。

③ 手肘弯曲到接近 90° 时，吐气，用肱三头肌的力量将身体往上带，回到原来位置。

6

锻炼部位： 肩膀（升级版）。

功效： 利用简易式的倒立来锻炼肩膀。

训练组数： 一组动作做 12 ~ 15 下，共 3 ~ 5 组。

哄宏提醒

这组动作可以从最简单的地板动作，慢慢升级到加进椅子练习。

抬脚做倒立会减少支点，难度增加，但只要慢慢练习，你一定也可以做得到！

① 单脚踩在椅子上，一只脚往上抬起；双手撑地，做倒立的动作。

② 吸气，手肘弯曲带动身体向下压的时候，臀部抬起来。

③ 手肘弯曲到接近 90° 时，吐气，用肱三头肌的力量将身体往上带，回到原来位置。

修长臂膀

1

锻炼部位：肩膀三角肌。

功效：修饰肩膀线条。

训练组数：一组动作做 12 ~ 15 下，做 3 ~ 5 组。

① 手握住拉环，贴着腿部两侧。脚打开与肩同宽，微屈膝。

② 双手侧平举，向外伸展。

③ 往外拉至肩膀与地面平行，为最高点。

④ 之后再顺势放下，回到原始姿势。

畊宏提醒

做这个动作时，身体要微微向前倾，不要站直哦！

2

锻炼部位：前三角肌、中三角肌。

功效：修饰手臂线条。

训练组数：一组动作做 12 ~ 15 下，做 3 ~ 5 组。

翀宏提醒

这组动作跟上一组刚好相反，站立时身体不用特别前倾，轻松站着就好哦！膝盖可微弯，减少阻力。

① 手握住拉环，让手肘呈直角。脚打开与肩同宽，踩在弹力绳上。

② 肩膀往上做推举动作。

③ 手臂推举不用完全打直，保持微弯，让肌肉呈现紧绷即可。

④ 之后将手臂放下，回到原来的位置。

3

锻炼部位：三角肌。

功效：修饰肩膀线条。

训练组数：一组动作做 12 ~ 15 下，做 3 ~ 5 组。

① 手握住拉环，手心向下。脚打开比肩膀再宽一点点，踩在弹力绳上。身体挺直。

② 拉住弹力绳往上、往前平举。

③ 将弹力绳平举到和肩膀一样的高度。此时可锻炼到三角肌。

④ 手慢慢放下，回到原来的姿势。

03

04

各部位肌肉协调能力

1

锻炼部位：臀大肌、前侧股四头肌、后侧腿后腱肌群。

功效：借由侧向屈蹲动作，来训练身体横向移动的绝佳能力。

训练组数：一组动作做 12 ~ 15 下，做 3 ~ 5 组。

01

02

① 双脚打开呈两倍肩宽，背打直、挺胸、收腹，膝盖保持微弯弹性。双手成空心拳，置于胸前。

② 往右边移动，重心放在髋关节，臀部往下坐的感觉。膝盖不要过度前倾，以免超过脚尖太多。

③ 重心回到原来姿势的位置。准备往另一边移动。

④ 换边往左边移动。同样，重心放在髋关节，臀部往下坐的感觉。膝盖不要过度前倾，以免超过脚尖太多。

⑤ 回到原来姿势。

2

锻炼部位：臀大肌、前侧股四头肌、后侧腿后腱肌群、核心肌群。

功效：人体经常做直线运动，很少做侧向、横向运动，因此借此“斜蹲动作”来训练身体控制力。而且因为施力角度不同，还能借此刺激臀部和腿部肌肉。

训练组数：一组动作做 12 ~ 15 下，做 3 ~ 5 组。

① 双脚外开，距离接近两倍肩宽。

② 往下蹲，使膝盖呈 90°。蹲的时候髋关节、膝关节、踝关节，三个关节一起配合；臀部往后脚跟蹲。在 90° 的象限内，两脚分别移动。

旿宏提醒

往后脚跟做屈蹲动作时，伸直的另一只脚掌可抬起来，帮助我们平衡（代偿模式）。

③ 慢慢回到原来姿势。准备换另一边移动。

④ 以同样的方式往另一个方向斜蹲。

⑤ 回到原来姿势，完成动作。

3

锻炼部位： 臀大肌、前侧股四头肌、后侧腿后腱肌群。

功效： 利用“原地分腿蹲”的不对称施力方式做训练，可以让平时只习惯用单边施力的腿给对侧更大的压力，训练腿部肌群。

训练组数： 一组动作做 12 ~ 15 下，做 3 ~ 5 组。

① 双手叉腰，两脚打开与髋关节同宽。右脚向前跨出去，脚尖朝前。如此可避免骨盆往外翻，保持骨盆向前。确保身体体位正确。

② 左后脚踮起。吸气，身体往下的时候重心在中间，要不对称施力。这时会呈现三个 90°：前腿 90°、后腿 90°、身体跟地板垂直呈 90°。

昕宏提醒

做这个动作时记得保持三个 90°，膝盖不要过度前倾。

03

③ 吐气，身体慢慢回到原来的位置。

4

锻炼部位： 臀大肌、前侧股四头肌、后侧腿后腱肌群。

功效： 利用“单脚屈蹲”动作承负全身的重量，会加强肌肉群的训练，维持核心肌群的稳定度。

训练组数： 一组动作做 12 ~ 15 下，做 3 ~ 5 组。

翀宏提醒

这个动作是升级版的动作，一般人不容易做，若刚开始练习的话，可减少组数，以自己能负荷的次数来做即可。

① 脚尖朝前，单脚站立。双手平举，达到平衡的效果。

② 臀部慢慢向后坐，让压力落在髋关节。

③ 挺胸、背打直、收腹，维持核心肌群的稳定。蹲得越低，训练强度越强。

④ 之后慢慢身体往上，恢复原来的姿势。换边换脚重复同样的动作。

5

锻炼部位：臀部肌肉。

功效：一般蹲的动作是由膝关节主导，然后是髋关节。但这组动作是髋关节主导，主要会用到臀部，因此“单脚罗马尼亚硬举”动作，除了可以训练核心肌群外，对臀部线条也有帮助。

训练组数：一组动作做 12 ~ 15 下，做 3 ~ 5 组。

① 正常站姿、挺胸，膝盖微屈保持弹性（不是真的屈膝，只要膝盖不是打直锁死即可）。

② 双手平举，上半身慢慢往前伸展，左脚向后抬起。

③ 身体向前倾，脚向后抬，达到水平线的时候再回到原姿势。换边换脚重复动作。

结实上臂

1

锻炼部位：二头肌。

功效：徒手式二头肌弯举，可训练手臂肌肉。

训练组数：一组动作做 12 ~ 15 下，做 3 ~ 5 组。

① 双手握住毛巾两端，利用毛巾抬起大腿，做手肘关节弯曲的动作。

② 将手肘往上举到弯曲最高处即可。

2

锻炼部位： 二头肌。

功效： 徒手式二头肌弯举，可训练手臂肌肉。

训练组数： 一组动作做 12 ～ 15 下，做 3 ～ 5 组。

① 手握拉环，脚打开与肩同宽，踩住弹力绳。

② 挺胸，做手肘往上弯曲的动作，再回到原来的姿势。

3

锻炼部位：二头肌。

功效：徒手式二头肌弯举，可训练手臂肌肉。

训练组数：一组动作做 12 ~ 15 下，做 3 ~ 5 组。

① 双脚打开，比肩宽一点点。单手拿有重量的行李，准备做单臂二头肌弯举。

② 手臂往上弯举，以手肘 90° 为最高点。

③ 手臂慢慢往下放，换另一只手做同样的动作。

4

锻炼部位：三角肌。

功效：可锻炼到手臂三角肌，加强肌耐力。

训练组数：一组动作做 12 ~ 15 下，做 3 ~ 5 组。

① 双脚站姿比肩宽一点点，膝盖微弯、微蹲，保持身体的稳定。挺胸，双手握住有重量的行李袋，准备做平举动作。

② 双手往前、往上做平举的动作，最高位置举至与肩膀平行。此时会锻炼到三角肌，尤其是前侧部分多一些。

③ 之后手慢慢放下来，回到原来的位置，结束动作。

5

锻炼部位：肩膀后侧、斜方肌。

功效：可锻炼到肩膀部位的线条，加强肌肉耐力。

训练组数：一组动作做 12 ~ 15 下，做 3 ~ 5 组。

01

① 脚成弓箭步，身体微微向前倾 80° 左右，一手拿着有重量的行李袋。

② 提着行李袋的手往后弯举，最高位置为弯曲90° 的地方。

③ 之后手肘慢慢回到原来的位置，回到一开始的姿势。

6

锻炼部位：三角肌中侧、后侧。

功效：可锻炼到手臂线条，加强肌肉耐力。

训练组数：一组动作做 12 ~ 15 下，做 3 ~ 5 组。

① 双脚站姿比肩宽一点点，膝盖微弯、微蹲，保持身体的稳定。挺胸，双手握住有重量的行李袋，准备做往前平举动作。

②手肘向两侧打开，让手腕位置大概平于胸口。以手肘为重心，再往两边打开，开到耳朵的位置。身体保持稳定。

③手肘慢慢放下，回到原来的位置。

7

锻炼部位：三头肌。

功效：可锻炼到手臂线条，加强肌肉耐力。

训练组数：一组动作做 12 ～ 15 下，做 3 ～ 5 组。

01

① 膝盖微弯，身体站直。双手手肘弯曲 90°，提着有重量的行李袋，贴在耳朵两侧。

② 手肘往上伸直到最高点，此时可感觉到三头肌紧缩。

③ 之后慢慢放下手肘，回到原来的位置。

9

锻炼部位：肱三头肌（基础版）。

功效：锻炼肱三头肌，训练核心肌群，提升肌耐力。

训练组数：一组动作做 12 ~ 15 下，共 3 ~ 5 组。

① 两手撑在椅子上，双脚屈蹲，使臀部与膝盖各呈 90°。

② 利用手肘弯曲的方式，让身体向下压。

③ 手肘弯曲至极限时，再用肱三头肌的力量将手伸直，把身体带回。

10

锻炼部位：肱三头肌（升级版）。

功效：锻炼肱三头肌，训练核心肌群，提升肌耐力。

训练组数：一组动作做 12 ~ 15 下，共 3 ~ 5 组。

① 两手撑在椅子上，腿往前伸直。

② 利用手肘弯曲的方式，让身体向下压。

③ 手肘弯曲至极限时，再用肱三头肌的力量将手伸直，把身体带回。

11

锻炼部位：肱三头肌（升级版）。

功效：利用两张椅子来锻炼肱三头肌，训练核心肌群，提升肌耐力。

训练组数：一组动作做 12 ~ 15 下，共 3 ~ 5 组。

01

02

① 双手撑在椅子上，双脚踩放在另一张椅子上。

② 利用手肘弯曲的方式，让身体向下压。

③ 手肘弯曲接近 90° 时为最低位置，但肩膀不能低于手肘。

④ 用肱三头肌的力量将手伸直，把身体带回原来位置。

03

04

哰宏提醒

这组动作的差别在于椅子的高度会增加动作难度。脚放在地面上会比较好平衡，而且距离身体越近越好做，距离越远则越难。

大块胸膛

锻炼部位：胸肌、三头肌。

功效：这个动作可以锻炼男生的胸肌、三头肌，让你有傲人的胸脯。

训练组数：一组动作做 12 ~ 15 下，共 3 ~ 5 组。

① 背着包做俯卧撑的姿势，双手撑的位置比肩再宽一点点。身体保持直立，腹部收紧，臀部用力。

02

② 屈肘，身体往下带，做俯卧撑下压动作。

03

③ 用手肘的力量将身体向上推，回到原来的姿势。

傲人腰力

1

锻炼部位：腹部、下腰背、臀部。

功效：这个动作必须用到很多腹部、下腰背、臀部的力量，也需要手来支撑，所以也会锻炼三头肌、肩膀线条。

训练组数：一组动作做 12 ~ 15 下，共 3 ~ 5 组。

01

① 将手肘支撑在椅子上并呈 90°，头部、身体、后脚跟呈一直线。

翀宏提醒

过程中，必须要保持身体平直状态，不能随着膝盖的提起而摇晃。

② 左腿屈膝 90° 往前踢，位置快接近肋骨。之后再放下换另一条腿。

③ 之后做腿部动作。右腿屈膝 90° 往前踢，位置快接近肋骨。之后再放下换另一条腿。

2

锻炼部位：腹部、腿部。

功效：这个动作像是在椅子上踩自行车，可以锻炼到腹部的肌肉与线条。

训练组数：一组动作做 12 ~ 15 下，共 3 ~ 5 组。

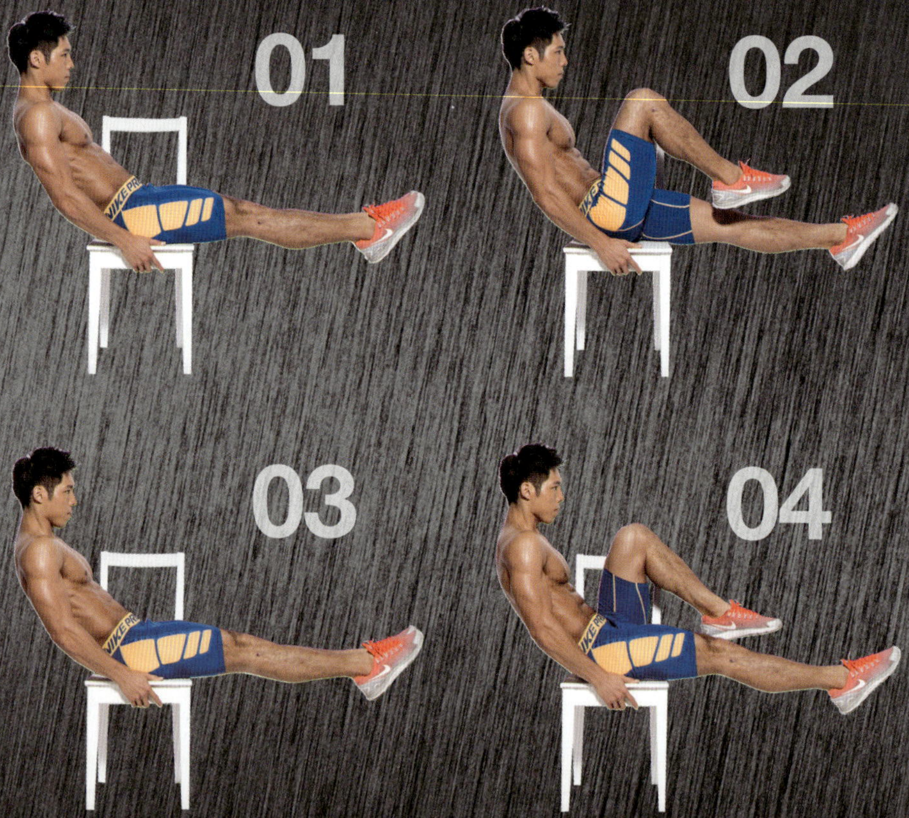

① 坐在椅子上，上半身往后倾斜 45°，腿伸直。双手握住椅边起固定作用。

② 右腿屈膝抬起，身体保持不动。

③ 回到原来的位置。准备做腿部动作。

④ 左腿屈膝抬起，身体保持不动。

⑤ 回到原来的位置。准备升级动作。

⑥ 右腿整个往上抬至最高点，身体保持不动。

⑦ 回到原来的位置。准备换另一条腿。

⑧ 左腿整个往上抬至最高点，身体保持不动。

⑨ 回到原来的位置。结束动作。

Karats

评估自己的脂肪是否仍然太多

做完健身动作之后，你可能会照镜子觉得自己的肌肉线条还不错，这时候请不要太“得意忘形”，先去洗个澡休息一下再回来照镜子。如果洗完澡后的肌肉线条跟刚练完时有很大的落差，表示脂肪还是太多，还需要多做有氧运动把脂肪消灭掉，这样才能拥有真正的肌肉线条。

练出大块肌肉的“菱形健身法”

我提供一个菱形健身法给大家，要练出真正大肌肉的人，可以照着下表的步骤来做。同一个动作（例如：胸肌）分成5个阶段，如果以每组动作做10下为基数，前两阶段，要各做2组，第三阶段就要加重到5组，后两阶段再降到各做3组。至于重量，前两阶段举的重量如果是5磅或10磅，第三阶段就要加重到15磅，后两阶段再降到10磅、5磅。

阶段	组数	次数	重量
第一阶段	3组	每组10次	5磅
第二阶段	3组	每组10次	10磅
第三阶段	5组	每组10次	15磅
第四阶段	2组	每组10次	10磅
第五阶段	2组	每组10次	5磅

Chapter 5

暖身、伸展、缓和运动

以下要做的这些是正式运动前和完成后的暖身、伸展、缓和运动，可以避免各种运动伤害，调节身体运动节奏，重要性不亚于正式的健身或有氧运动，所以快来跟着以下动作开始练习吧！

手走路暖身运动

功效： 刚开始练习时，这个动作对一般人来说或许有些吃力，但它对于全身核心锻炼有很好的效果。而且对运动员来讲，这算是简单的暖身动作，因此将它列为暖身操。

训练组数： 一组做 8 ~ 10 次左右，做 8 ~ 12 组。

哵宏提醒

这组动作除了可让肩膀暖身之外，为了要让身体稳定，也会诱发核心肌群出力，是一个很好的训练核心的动作。

01 02 03

①双脚打开与肩同宽，双手自然垂放。

②身体往下带，两手轻触地。

③手掌触地后，手掌往前移动，伸展到最远的地方稍微停住几秒。

04

④之后再依序收回来，恢复原姿势。

手臂伸展、缓和运动

功效：可以伸展整个肩膀肌肉以及后背部肌肉，可舒缓运动后的肌肉放松，也有助于雕塑出曲线线条。

训练组数：一个动作维持 10 秒再换下一个动作。

① 双脚打开，比肩宽一点点。踮脚尖，双手向两侧平举张开。

② 双手掌心向外，往上画圆形平举。

③ 将两只手的手背尽量贴在一起，靠近耳朵。

④ 拉展到肩膀、背部肌肉之后，双手放下回到原来姿势。

双腿伸展、缓和运动

功效： 可以伸展腿部肌肉，可舒缓运动后的肌肉放松，也有助于雕塑出曲线线条。

训练组数： 一个动作维持 10 秒再换下一个动作。

① 身体站直，双手扶住椅子。右脚小腿往臀部方向上提之后，以右手抓住右脚背。

② 脚背尽量往后拉展。双腿膝盖并拢，身体呈一直线，臀部往前推，感觉股四头肌得到伸展。

Chapter 6

要吃要喝才能真正减肥

Chapter 6

能吃就是福，

每餐都要会吃

你绝对没看错，能吃就是福！“吃”明明就是减肥者的魔咒，怎么会是“福气”呢？

英文中有一个因现代人生活形态的转变而衍生的单字“brunch”，翻译成中文就叫作“早午餐”，意思是把早、午两餐合并成一餐。“brunch”就是现代人最常见的饮食偏差典型。

要应付现代人忙碌的体力需求，却又要不发胖，最基本的就是每餐都要吃。

早餐是现代营养概念中最受重视的一餐，原因在于，早餐是提供一天活力、精力的基本来源，在没吃夜宵的前提下，距离上一次进食已经超过 10 个小时，如果不吃早餐，往往会让人整个早上昏昏沉沉，没有精神，且在注意力不容易集中的情况下，很难有效思考或记忆事物。到了中午已经饿得受不了，结果反而容易暴饮暴食，因吃太多而导致肥胖。最糟糕的是，有人因为不吃早餐，而在升旗典礼或会议等场合中昏倒，而这就是身体发出的“严重警告”的讯号。

我通常一起床就先喝 300~500 毫升的水，也可以加一小匙蜂蜜，会有润肠的效果，让体内刚睡醒的器官得到水的滋润，对于有便秘情况的朋友，很有帮助，每天都这样，持续一个星期，包你排便顺畅。15 分钟后，准备三果一蔬和 6 颗坚果类食物去寒，再

以地瓜或马铃薯等淀粉类食物作为主食，再加个鸡蛋，早餐就相当丰富了！中餐进食前，再喝些豆浆加些小麦胚芽也不错。

多数现代人的午餐都是“外卖”，自助餐、盒饭等都是常见的午餐内容。只要记得午餐比晚餐吃得丰盛些，不要让下午的精力无以为继，或吃得太饱而昏昏欲睡就可以了。

一般人总觉得，因为工作或上学的关系，早餐、午餐都无法好好享用，所以一定要有一顿精致、丰富、可以大吃特吃的晚餐作为弥补。但是，这是不健康的。

因为晚餐距离睡眠时间非常近，如果晚餐吃得太丰富、太饱，消化全部食物的时间就会拉长，如果在这个消化过程未完成之前就入睡，便会造成消化系统的沉重负担。同时，晚间以及睡眠时，人体新陈代谢的速度会减缓，晚间吃太多的食物，就容易变成无法消耗的热量，在身体内持续囤积，成为发胖的元凶。

Chapter 6

抓住 饮食平衡感

我不希望在饮食上造成大家的困扰，而希望大家能享受美食、享受人生乐趣，不想让大家刻意以“减肥餐”作为饮食的全部。再说，我们总不可能一天到晚都带着“减肥餐”出门吧！你想一想，每当和朋友出去唱歌、吃饭，或者跟家人一起去度假旅游，如果还要带着减肥餐，是多么扫兴又不方便的事！

就我而言，在录像现场要配合制作单位的工作时间，一整天又在外面奔波，不太可能自备“减肥营养餐”或麻烦工作人员额外帮我准备“减肥餐点”，通常都是吃制作单位叫的外卖。

盒饭、自助餐在多数人的心目中，是让身材变形的凶手，然而从学生到上班族，却又经常吃盒饭或自助餐。为什么我常吃这些东西却不会发胖，有时还一次吃三份盒饭，原因在于，我一再提醒大家的“吃的原则”。

这个饮食原则，不用计算卡路里或计较一定要吃哪些食物种类等的小细节，因为这些小细节并不是造成你身材发福走样的最大原因，反而是失去一种“饮食的平衡感”，造成身体所需要的营养失调，才会逐渐发胖。

如果你是想要变瘦的人，只要记得少吃淀粉类和高脂肪的食物，比如说很爱吃饭的人，还是可以吃饭，但是一天的饭量要减到一碗。喜欢吃高脂肪类食物的人，还是可以吃，但建议将一些蔬菜或豆腐加入绞肉，既可以减少热量又能够增加饱腹感。

至于要练肌肉让自己变得强壮一点儿的人，我建议在饮食中多吃牛肉搭配鲑鱼、鱿鱼、虾这类高蛋白食物，它有助于肌肉的生长和发展，让你充满精力和爆发力。这餐吃牛肉，下一餐就吃鲑鱼，对于肌肉的养成，将很有帮助。

而如果你是**有点儿微微发胖，想要稍微减肥，同时练出身材线条的人，我建议的食物则是鸡肉，同时搭配海鲜类的食物。**

依照你的“个人目标”，选定我建议的主要食物后，每餐一定要搭配等量的蔬菜、水果，种类不拘，但是一定要吃。

Chapter 6

想吃和能吃的 平衡

我所谓的“饮食平衡感”，其中一种指的是“想吃”和“能吃”的平衡。

抓住饮食的“平衡感”，最重要的是每天从所列食物种类中，挑一两份蛋白质、一小份淀粉类，外加蔬菜、水果，就不用担心会吃得肥胖又不健康啦！

那些容易导致发胖的食物，巧克力、米饭、面食、炸鸡等等，不可能让大家完全拒绝它们的诱惑，这些是“想吃”的食物，但是并不是想减肥的人“能吃”的食物。

在“想吃”跟“能吃”的矛盾下，你还是可以吃，但是记得不要“狂吃”，而是“浅尝辄止”，有吃到就好了。在心理上，你感觉吃到了喜欢吃的东西，却不会产生“得不到，所以更渴望”的心理；不会觉得“亏欠”自己，但是实际上又不会过量，适度达到平衡，才不会让自己的健康和身材受到威胁。

可从表列食物吸收所需养分

水果	蛋白质	淀粉类	蔬菜
猕猴桃	鸡肉	马铃薯	西兰花
火龙果	鳕鱼	番薯	芦笋
香蕉	鲑鱼	馒头	胡萝卜
蓝 / 草莓	鲔鱼	面包	青椒
苹果	螃蟹	薯条	菠菜
柠檬	虾	糙米饭	芹菜
凤梨	豆浆	米饭	小黄瓜
葡萄柚	牛肉	通心面	洋葱
番茄	蛋	玉米	包心菜
柳橙	低脂乳酪	全麦面包	大蒜

Chapter 6

种类的平衡

另外一种我所谓的“饮食平衡感”，则是种类的平衡。

比如今天晚上你跟朋友有约，来到一家咖啡厅，菜单上的主食同时有你喜欢吃的鸡肉沙拉跟鸡肉三明治，而中午在公司或学校，你已经吃过盒饭，即今天已经吃过淀粉类的米饭，这时候就不要再吃同样含有淀粉类食物的鸡肉三明治，应该点鸡肉沙拉来吃。再如选择饮品时同时有你喜欢喝的咖啡和新鲜果汁，而今天早上已经喝了一杯咖啡，那就点个新鲜果汁来喝，平衡一下。

记住这种“平衡感”的原则，在选择饮食的时候，慢慢地你就会养成直觉反应或习惯。只要抓住这种大方向的“平衡感”，还是可以让你吃得尽兴又健康。

纯粹骗人的
夜宵减肥法

如果有人跟你说“吃夜宵还能减肥”，绝对是骗人的！

夜宵是“人人皆曰不可”的身材与健康杀手，特别是讲究身材与美貌的演艺圈。夜宵不能吃，是因为吃完没多久就入睡，这对身体很不好，因为睡眠时器官也需要休息，而有食物在肚子里它们就必须继续工作，这样久了，胃、肝、肾都会不好，就算不为了身材，也要为健康忍一下。如果你有时间，与其吃夜宵，不如在家做些运动，然后洗个舒服的热水澡帮助血液循环、舒缓运动的疲劳，然后睡觉，让身体机能、细胞和肌肉组织都可以得到舒缓、休息以及再生的循环，对于减肥、健身，一定会产生效果，身体也自然会变得健康。

Chapter 7

SOS！健康减肥大作战

Chapter 7

7 天瘦出完美曲线的

紧急减肥法

许多艺人都会在拍广告、拍宣传照、拍电影前向我发出求救讯号，希望在最短时间内，以最快的减肥方法练出好身材。还有一些朋友要拍婚纱照，或者参加重要的场合需要穿晚礼服时，想要做最后的拼搏，穿上最漂亮的那一套衣裳亮丽登场，让自己的身材能有最好的呈现，成为镁光灯下众所瞩目的焦点。

我想，每个人都有自己的“紧急时刻”，在这里，请容我分享“7 天的饮食与运动方式”，帮助各位在重要的场合，在身体最健康的状态下，展现迷人风采！

畊宏提醒

只要你能跟着我的运动计划，在早上起床“空腹”前先做一些缓和运动，让你前一晚多余的热量先消耗掉，顺便为一天的机制先暖身，提升它的作用功能；再搭配我设计调配的饮食菜单，在第一天至第七天的饮食中，选择你喜欢的蔬果来食用，就能够达到“降低体脂肪、维持肌肉”的目的。即使过了这紧急 7 天战斗期，也能够留住肌肉量来恢复正常的基础代谢，不会因为减掉了肌肉，恢复进食后反而吸收得更快，迅速胖回来。

Chapter 7

训练开始前的必备信息

★渐进式搭配起床前空腹运动：先运动后再进食肠胃比较不容易有负担，还可以消耗前一晚多余的热量，对身体健康模式较有帮助。

★循序渐进式的运动＋夜晚伸展操：随着天数越来越多，运动量需要逐步加重调整，并改变项目。另外，晚上做些让身心放松的伸展，才能有良好的睡眠质量，有助于帮助长肌肉和维持肌肉量。

★选择自己喜欢的蔬果自行调配：不必死板地依照我开的菜单照本宣科，可以交叉配搭，否则很快你就会因为觉得“无趣”而想放弃了。所以，能够开心地继续下去是很重要的哦！

★营养好喝的蔬果汁比例：每天以 3 样水果＋ 1 种青菜的方式，打成好喝的蔬果汁来饮用，口感因人而异，请依自己的喜好做调配。

★蔬果汁、水果请在白天食用：晚餐时刻尽量不要喝生冷的蔬果汁及水果，以免身体过寒，况且白天的摄取量也已经足够啦！

★水果请在主食之前食用：一方面避免较好消化的水果在胃里制造过多胃酸，影响主食的消化；另一方面，也能够增加饱腹感。

★饮用适当的水量：除了起床喝的水之外，每天还必须额外喝 2000 ~ 3000 毫升的水，才有助于补充运动后排掉的水分哦！

蔬果替代选项

水果：苹果、奇异果、柳橙、菠萝、木瓜、香蕉、火龙果

青菜：高丽菜、油菜、青江菜、空心菜、花菜、红萝卜、地瓜叶、龙须菜、小黄瓜、丝瓜、白菜、莴苣、芥蓝

具体训练计划

7 天瘦出完美曲线训练计划，除了搭配饮食之外，运动也相当重要，以下提及的运动操可配合本书第四章和第五章来做。

Day 1

运动

白天 快走：30 分钟

轻量的重量训练：30 分钟（肩膀、手臂）

晚上 饭后一小时或洗澡之前：20 分钟散步 + 放松

饮食

起床 300 ~ 500 毫升温开水

早餐 1 杯蔬果汁 + 6 颗坚果 + 1 个地瓜 + 1 个茶叶蛋

午餐 1 个苹果 + 1 杯豆浆 + 1 份干煎牛肉 + 1 份烫空心菜 + 1 份烫菠菜 + 1 个馒头

晚餐 1 份清蒸鱼片 + 6 只汆烫虾 + 1 份红萝卜 + 1 份水煮花菜

昕宏的小秘诀

牛肉除了干煎之外，还可以切片汆烫蘸清淡的酱料来吃。原则一样，依自己喜欢的口感自行变化料理方式，会增进食用乐趣，同时又兼顾美味。

Day 2

运动

白天 跑步：40 分钟
轻量的重量训练：30 分钟（胸、背）
晚上 饭后一小时或洗澡之前：20 分钟毽子操 + 放松

饮食

起床 300 ~ 500 毫升温开水
早餐 1 杯蔬果汁 + 1 个水煮蛋 + 1 个地瓜
午餐 1 个火龙果 + 1 杯豆浆 + 1 只白切鸡腿 + 1 份烫莴苣 + 1 份烫龙须菜 + 半碗糙米饭
晚餐 1 份烤鲑鱼 + 1 份汆烫鲜鱿鱼 + 1 份水煮白菜 + 1 份莴苣

畊宏的小秘诀

烫青菜的时候，可以利用汆烫过海鲜类的虾子、鱿鱼等的海鲜汤来汆烫，如此一来青菜可以吸取海鲜的鲜甜味道，就算不淋高热量的卤汁也会很好吃哟！

Day 3

运动

白天 骑自行车：40 分钟
轻量的重量训练：30 分钟（拖鞋操 + 核心深蹲训练）
下午 20 分钟跳绳 + 放松

饮食

起床 300 ~ 500 毫升温开水
早餐 1 杯蔬果汁 + 2 片全麦吐司加蛋 + 6 颗坚果
午餐 1 个奇异果 + 1 杯豆浆 + 1 份水煮鸡胸肉 + 1 份烫地瓜叶 + 1 份烫青江菜
晚餐 1 份清蒸鱼 + 1 份小黄瓜 + 1 份清蒸丝瓜 + 1 块菠萝

畊宏的小秘诀

如果觉得肚子太过饥饿，可以吃一点儿全麦、五谷类的吐司或馒头，除了热量较低之外，也较有饱腹感，营养又健康。

Day 4

运动

起床空腹运动 骑自行车：30 分钟

白天 爬楼梯 15 分钟＋撕裂腹肌操 15 分钟＋
拖鞋操 10 分钟
轻量的重量训练：30 分钟（手臂、肩膀）

晚上 饭后一小时或洗澡之前：20 分钟举小哑铃＋踢腿

饮食

起床 300 ~ 500 毫升温开水

早餐 1 杯蔬果汁＋ 1 份蒸蛋＋ 6 颗坚果＋ 1 个地瓜

午餐 1 杯果醋＋ 1 份烤鲑鱼＋ 1 份烫芥蓝＋
1 份烫高丽菜＋ 1 个馒头

晚餐 1 颗番石榴＋ 1 份水煮鸡胸肉＋ 1 份烫空心菜＋ 1 份莴苣

Day 5

运动

起床空腹运动 跑步：30 分钟

白天 骑自行车 20 分钟＋毽子操 20 分钟
轻量的重量训练：30 分钟（手臂、肩膀）

晚上 饭后一小时或洗澡之前：毽子操＋柔软运动

饮食

起床 300 ~ 500 毫升温开水

早餐 1 杯蔬果汁＋ 1 个茶叶蛋＋ 6 颗坚果＋ 1 个馒头

午餐 1 个火龙果＋ 1 份清蒸鳕鱼＋ 1 份烫莴苣＋ 1 份烫龙须菜

晚餐 1 份汆烫软丝＋ 1 份水煮虾＋ 1 份水煮白菜＋ 1 份莴苣

Day 6

运动

起床空腹运动 慢跑：30 分钟

白天 骑自行车 40 分钟 + 滑步机 20 分钟

轻量的重量训练：10 分钟（胸、背）

晚上 饭后一小时或洗澡之前：毽子操 + 柔软运动

饮食

起床 300 ~ 500 毫升温开水

早餐 1 杯蔬果汁 + 1 份蒸蛋 + 6 颗坚果 + 1 个地瓜

午餐 1 根香蕉 + 1 杯豆浆 + 1 份清蒸鱼 + 1 份甜菜根 + 1 份烫龙须菜 + 1 个马铃薯

晚餐 1 份汆烫花枝 + 1 份烫莴苣 + 1 份水煮白菜

Day 7

运动

起床空腹运动 骑自行车：30 分钟

白天 滑步机：40 分钟

轻量的重量训练：30 分钟（毽子操 + 撕裂腹肌操）

晚上 饭后一小时或洗澡之前：拖鞋操 + 放松恢复

饮食

起床 300 ~ 500 毫升温开水

早餐 1 杯蔬果汁 + 6 颗坚果 + 1 个水煮蛋

午餐 1 个火龙果 + 1 杯果醋 + 1 份水煮鸡胸肉 + 1 份烫青江菜 + 1 份烫龙须菜

晚餐 6 只汆烫虾 + 1 份烫高丽菜 + 1 份水煮白菜

黄金 7 天

的重要饮食原则

1. 不要有任何一餐不吃，早睡早起，规律作息，这样做的目的是让身体运作正常，加快新陈代谢，就容易瘦了。

2. 水果虽然含有果糖，但在日常作息下就能消耗掉，不会导致发胖，不要在晚上或睡前吃就行，也有助排便顺畅和养颜美容。

3. 起床的那一杯温水特别重要，一定要喝，帮助唤醒身体。它可以滋润休息了一个晚上的身体器官，对于消化、排泄很有帮助，更可以排出毒素，让你真正“水水的”！

4. 每一餐的蔬菜可以水煮，加上天然调味料或用海鲜汤来汆烫，增加鲜味。

5. 为什么早餐要喝蔬果汁，因为蔬果汁里有丰富的维生素群，可以提供我们一天的营养所需，还能帮助脑细胞对抗氧化，让身体维持健康的运作机能。其丰富的膳食纤维对于每天清肠道也很有帮助。

6. 喝豆浆的好处：除了超市卖的无糖豆浆之外，建议最好能够自制豆浆饮用。既卫生又干净，且豆浆里丰富的蛋白质、不饱和脂肪酸、维生素等对增强体质很有帮助。还可以防止高血压、糖尿病、脑中风、癌症等病症，营养健康又不易发胖。

7. 若没有时间到健身房，就可跟着书上的示范动作来训练，也能跟着 DVD 所教授的方式来实际执行。

名人推荐

金曲歌王

林俊杰

对我来说，健身不是为了耍帅，也不是为了吸引异性围观，而是通过持续的训练来维持自己的体态，是为了不断提醒自己，人生只有这么一次，我们一定要随时都维持好的状态来面对。机会来的时候，我们才能表现得最好。

畊宏是我健身路上重要的灵魂人物。每当感觉自己撑不下去的时候，就需要像他这样的榜样来推动自己继续 push（前进）！

畊宏，谢谢你的健身教学和场所，让无数艺人朋友能够展现出最美的自己，并维持身体健康！

知名演员

彭于晏

畊宏哥与我，是互相激励的伙伴，他会一直教我正确的健身观念与知识。健身是一种对自我要求的态度，不仅仅是外表的好看，而是由内而外的健康生活方式。

借由这本健身书，再结合正确的训练与饮食方法，人生必定会得到收获。

名人推荐

知名演员

言承旭

䶮宏以自己健身的经验，教你利用随手可得的家具，达成容易上手的健身方法，从生活作息、饮食营养的注重与吃法，到针对肌肉不同的部位做训练示范，如强化胸肌与手臂、腹部、背肌、双腿及人鱼线的训练，再以图片清楚示范正确的呼吸、姿势及训练方法，这样的学习效果是最好的。且让初学者能在正确健身的观念下，轻松地运动与训练，尤其是学得了健身的基本观念与安全练法，慎防受伤，不久就可以像䶮宏一样拥有健康完美的好身材了。

健身不是一件容易的事，但要怀着轻松快乐的心情去训练，若能使用䶮宏介绍的运动方式，找到更适合自己且有效的运动方法，我想效果会更好哦!

知名艺人

汪东城

这真的是一件令人开心又幸福的事，继上一本健身书后，畊宏哥又出续集了，真是千呼万唤始出来！喜爱健身养生的朋友真是有福了！大家都知道畊宏哥是我们艺人朋友们健身的开山始祖。

当自己开始健身之后有机会跟畊宏哥一起运动，真是件开心又幸福的事情！他会在一旁细心地督促，毫不吝啬地把他会的、懂的，不只是健身上的专业技能，饮食上该注意的也一并分享！

就算是离开了健身房，他还会拨电话说：“大东，有没有按时练习啊？”一瞬间我还以为畊宏哥是我的健身教练呢！

终于，畊宏哥把这些他多年来的健身养生专业经验化成文字了！相信这本书可以带给喜爱健身、想健身的朋友越来越多的健康，也越来越漂亮哦！

名人推荐

综艺天王

吴宗宪

恭喜畊宏又要出书了！

身体的健康是成功的来源，要像畊宏这样维持自己的体态，真的是非常不容易，需要强大的决心和耐心。

虽说：有志者事竟成！但是，在努力的过程中，最害怕的就是方向不对！只要按照畊宏老师给你的课表，每天按表操课，不久之后，你也能跃上大银幕，自拍自导自演“绿巨人”啦！

祝愿这本新书可以狂销热卖！久占排行榜销售总冠军！

知名艺人

黑人陈建州

畊宏是我看过对生命最热忱的人，他乐于帮助、照顾别人，不管是在娱乐圈还是在教会，他的人缘都非常好，是因为畊宏给人的感觉就像哥哥一样！

说到运动和健身，我认为娱乐圈所有艺人的身材甚至包括健身房教练，很少有人可以跟他比较。而且他随时随地都可以做健身训练，不一定要到健身房，所以维持着这么棒的线条！

他健身的秘密将在这本书中让大家知道，真诚地推荐给各位，这本书就像可以随身携带的健身教练，让你在生活中维持完美的线条！感谢上帝的带领，让世界有畊宏。

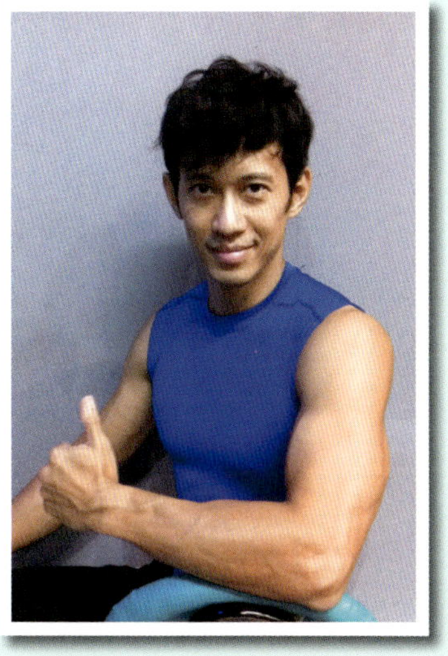

亚洲极限体能王

李恩至

畊宏是中国台湾演艺圈的健身巨星，也是大家敬佩的健身梦想实践家。

虽然大部分的人无法与他一样拥有傲人健美的身材，但畊宏不藏私的大方心态，反而鼓励了年轻朋友们的梦想与斗志。

借由这本书可以得到有效、简单、稳定进步的方法，让读者能轻松运用上手，使自己在健身过程中得到满足与喜悦。

恩至诚挚推荐这本书，它让各位读者仿佛置身于巨星的健身世界中。

健美五冠王

许家豪

认识了畊宏哥这么多年，每次和他一起健身时，总能让人感受到运动的快乐，他非常鼓励身边的人一起健身，更教导我除了要外在强壮，更重要的是内在也要强壮，让我身心灵一起朝着正能量改变。

他是我最重要的健身伙伴之一。拥有这本书，绝对终身受用，只要实际执行就能慢慢地感受到身体的变化，从外在的体态曲线到内部的健康状况，甚至内在心理的健康，经由运动释放生活上的压力，经由训练提升强大的意志力，完成阶段性的功课进而获得成就感，成果的展现人人称羡，不知不觉便散发出自信心。

这一切都是习惯运动造就的，这样的人也养成了不会轻言放弃，用热血、热情去待人的习惯。

名人推荐

义杰事业股份有限公司负责人

林义杰

林义杰，大家一听到这名字，就会认为我常常运动，或是去挑战一些长跑的纪录，其实，在演艺界里面，还有一个比我运动得更为疯狂的朋友——刘畊宏！一直以来，读者们一定会觉得很奇怪，为什么我会这样直截了当地说出来？原因是，畊宏把运动这件事情当作传教一样作为终身的事业，在影响着自己的生活之外，也逐渐地去影响演艺圈许多朋友开始健身，这样还不够，更厉害的是，他可以将一个完全不运动的人洗脑成“每天都要动”的人，于是，不管这群艺人身在何处，录节目后、排演后、演唱会后、训练专长后……都会自己拿着球鞋前往健身房报到。试想，这跟吃毒药有什么不一样?！ 只不过吃“运动毒药”后，我们变得更健康、更快乐，对自己更有信心。

畊宏，睽别数年之后再度出了健身书，还记得第一本健身书出版时，我还是一名小粉丝，买到书抢着要他的签名，并且偶尔遵照他的方式来运动健身，现在我已经成年了，我还是会买他的书，读着他这几年来更精华的运动理念，期待这本新书可以传到全世界，让更多人热爱运动、热爱健康。最后，我想说：“畊宏，虽然现在我年纪大了，但因以前被你洗脑而爱上健身，感觉蛮好的，这本新书，是不是能再度唤起当年我还年轻时对运动的回忆呢？我相信，是的，先预祝新书大卖！”

金马奖最佳新演员

张睿家

很多人说我是运动狂，但对我来说真正的热血健身狂人是刘畊宏！

他在健康饮食和锻炼身材上的观念帮助了身边很多人，所以我相信读了这本书的你，也已经大步迈向健美之路了。

Lollipop

阿纬

健身，不仅是要求身材的完美，更是健康的来源。谢谢䶮宏哥专业的指导和提供良好的练习环境。

你是中国台湾的健身英雄，“台湾坦克”当之无愧。

知名主持人

王少伟

人家常说一个人能不能成功，要看他追求目标的意志力够不够坚定，而最快看出来的方式就是看一个人对身材的维持。

䶮宏除了让更多人知道如何有效地锻炼身体，更重要的其实是他那坚毅的精神！

冻龄偶像

孙耀威

我想看这本书，毋庸置疑。因为我看过他的body（身体），嘻嘻！有一次䶮宏到我家，看到他在我家里健身，家中突然充满了运动气氛。我也告诉自己一定要找机会好好练一下身体，可是工作太忙了。然而，他就是一个再忙都能找到机会运动的人！

通过这本书，我要把他的武功秘籍都学起来！朋友们，一起动起来吧！

名人推荐

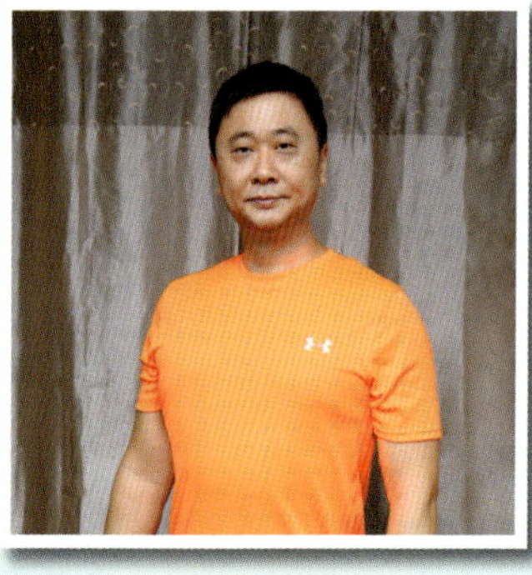

模仿一哥

郃智源

坚挺的胸膛、厚实的阔背肌群、排列有序的 8 块腹肌、两条显而易见的人鱼线，拥有这样的身材就叫作“健美”。昕宏做到了，已届不惑之年的他，堪称演艺圈的“健美先生”，或许你不想像他一样练得如此的“泾渭分明”“筋肉崩离”，但至少你总希望能有个健康的身体，不致随着年龄渐长而身材走样，或是无法弯下腰去系鞋带，抑或是当有人从背后叫你时，一回头就扭伤了脖子吧！

性感人鱼线教练

郑芯妤

我所认识的昕宏，是面对挑战正面迎击、面对困难冷静处理、面对工作专注投入、面对人群魅力四射、面对家庭珍惜拥有的成熟男人，这样的他在面对健身时却是一个不折不扣的大男孩，随时随地都充满活力。他大玩健身风，带领身边朋友利用所处环境来创造专属于自己的健身房。

不管你身处何处只要跟着此书、跟着昕宏，任何地方都是你的健身乐园。健身不只是运动更是一种生活态度，所以快来创造自己的健身天堂吧！

知名歌手

温岚

“信念”是我对他唯一的认知，也是未曾改变的初衷。

或许大家觉得他只是个热爱健身的人，而我的解读是，他是一个懂得爱自己的人， 一个懂得爱别人的人，一个不断传递正能量的人。

台湾名模

洪晓蕾

每次看到畊宏，他总是无忧无虑、快乐开心地笑着，像个阳光大男孩般地感染着我们，重点是身材非常非常的健美，真的很可口！哈哈！

以前当 Model（模特），为了维持体态，每隔一段时间就会运动一下，比较像是劳动，会让身体感到疲劳，效果也很有限。在畊宏的鼓励和引荐下，我开始了核心运动，这些简单又有效的动作是随时随地都能训练自己的，在持续做规律的运动后，我看到身体的线条变明显了，新陈代谢变好了，体脂也降了，更让我爱上了运动！爱上了流汗！爱上有精神的每一天！而且养成习惯之后，一天不运动反而会觉得怪怪的呢！为了健康，我会更注意良好的生活习惯和营养食物的摄取。我想这也是最佳的抗老方法。

假如我们可以活到 90 岁，但一直处于身心不佳的状态，总是花大半时间往返医院，这样的生命值得高兴吗？会快乐吗？拥有健康我们才能享受美好的人生。

过去谈到健康我们会用英文“health”，但现在应该用“wellness”！ Wellness 就是活得很好、有生气、有活力。迫不及待地想把这本书介绍给大家。请大家一起实践它，让自己和家人拥有健康快乐的人生！我们一起加油、动起来！

歌手、主持人

小钟

当初要是没有遇到畊宏，我现在应该还是一个八十几公斤的胖子，当初在咻比嘟华的时候，畊宏跟我说的一句话影响我到现在：“你不趁年轻的时候变瘦变帅，难道要到老的时候才减肥吗？”

他坚持运动的毅力让我很感动，甚至有时候出外景，我常觉得奇怪，为什么他的行李那么重，原来里面装了两个哑铃，这些都让我看见了他对健身的决心。

他的身体非常强壮，也很少见他生病或是感冒。我还记得以前大家工作完都是坐出租车回家，只有他一个人走路回家，他说这样可以直接做有氧运动达到每日运动的基本要求。

这十几年来，畊宏对我的影响很大，尤其是那句话，让我维持基本的体态到现在，畊宏的这本书，吃的、动的、生活态度等都包含在内，不只能让你有健康的身体，更能让你有美丽的体态。

我本身呢，很希望畊宏能送我这本新书，哈哈！

名人推荐

台湾名模

王婉霏

对于刚生产完的我，有一个这样的24小时贴身教练在我身边，其实是我的一大福音，但也可以说是压力……

认识畊宏那么久，他对身材的要求，以及对健康的饮食和生活的实践，始终如一，相当有毅力。不仅自己以身作则落实到生活当中，也影响着身边的许多朋友，身为他的老婆，包括我们的小孩，也都受益良多。

他常对我说："只要有健康的身体，我们就能在一起很久很久。"我们都期待到老了还能一起旅行，还能一起走跳，若没有从年轻时开始保养，到老了就来不及了。

他希望他的家人如此，朋友也是如此，对不认识的人更是如此！所以他不厌其烦地不断地推广自己的健身观念和经验给大家，他希望大家都能一直很健康。

希望大家看了这本书后，可以更注重自己身体的状况，勇敢去追求美丽的人生。

台湾篮坛最有价值明星球员

何守正

畊宏哥是我见过的男艺人当中，身材最好的。而要维持好如此健美的体态，很重要的一点，就是畊宏哥一直以来对健身的坚持，还有他专业的训练方法。赶快照着书上的方法训练吧，只要持之以恒，有一天，你一定也可以拥有完美的体态哦！

知名艺人

唐志中

相信在看这本书的你一定是想练得更壮、看起来更年轻、穿衣服更好看，在人群中更受欢迎，更重要的是想要更健康！我所认识的畊宏，一直以来都是这样，时时刻刻提醒自己，有机会就练一下，健身本就不易，但要维持更难！这么多年来，他是如何办到的？如果是一位胖子出减肥书，即便是减了一辈子的经验丰富的达人我也不敢推荐，或者一位离婚的女强人出两性交战必胜秘籍我也会怀疑！但是看看畊宏！健康的身心让他娶得了美娇娘，生一对可爱的子女！建立幸福美满的家庭！全程都保持着精壮的好身材！我们一起来看看他健身的秘诀。

知名主持人

唐从圣

“胸大无脑”这句话在畊宏的身上获得了彻底的印证，只是此“脑”要改成彼“恼”：胸肌练大了，就不容易“恼怒”、也不会有“烦恼”！看着他一路走来：热血地勤练、热心地分享、热情地推广、热忱地信仰，换得了大家热烈的回响！在他热爱的健身运动中，他得到了快乐，交到了朋友，练就了身材，还成就了事业！真的是“胸大无恼”！

祝铁血教头，新书大卖，更上层楼。

金钟奖名主持人

小马（倪子钧）

抓到机会，就开始练，连机场接驳车的拉杆，都可以变成他的单杠，这就是畊宏。认识他 18 年，他的精力仍是 18 岁。他不只能动，他还能吃，而这能吃，还不是乱吃，不管怎么样，3 分运动 7 分吃，想要有健美的体态、健康的状态，刘畊宏的健身书，你一定要看！

名人推荐

知名主持人

郭彦甫

我从一出道就很受畊宏哥的照顾，一路上看到他对自己身材的要求，几乎是到了吹毛求疵的地步！若是按照他的步骤，你绝对也可以轻松拥有人人称羡的理想身材。

知名主持人

阿 Ken

畊宏要出书了！真是够“可恶”的，因为我原本也计划要出一本健身书！但我要怎么跟地球上肌肉最强壮的男人竞争呢？我也会劝劝其他出健身书的人们，先打消这个念头，因为畊宏这本书会热卖 10 年！

从我认识畊宏以来，每一次碰到他，他都在健身！在健身房里举哑铃、在户外骑自行车、在片厂利用桌椅健身，我真怀疑，除了健身，他有在做其他事吗？哈哈！

对于畊宏来说，健身就是一种 life style（生活方式），是一种信仰，是一种追求快乐的方法！他总是对身旁的人说，不要给我喝含糖的饮料，给我喝无糖豆浆！豆浆里的蛋白质才能够让你更强壮，含糖饮料只会让你更肥胖！久而久之，我们就开始躲他了。哈哈！（有时候真的想喝甜的嘛。）

畊宏健身的专业知识，真的超越所有我认识的健身教练！简单地说，他就是健身教练中的劳斯莱斯！照着这本书有纪律地身体力行后，不论你是想减肥还是想变得强壮，相信你都能在最短的时间内达到目标！

通过畊宏的书，你会发现健身不再是一件苦差事，而是灵肉合一的最高享受！相信再过不久，我会看到满街的“刘畊宏”，但你们不准抢走我手上的含糖饮料！

浪花兄弟

Darren

距离上一本健身书已睽违10年，当时我就买了他的书，除了为支持畊宏的第一本健身书之外，也是因为我自己本身喜欢健身运动，因此希望可以从书中找到更多正确有效的健身方式。

说起畊宏，他是一位典型的天秤座，我想全中国台湾演艺圈绝对找不到比他更热爱健身的人了。和他一起运动能学到许多方法，但是必须做好十足的准备，仅有心理准备是不够的，生理上的准备也少不了。因为他对待健身运动非常认真严格，因此他会以相同的标准来训练身边的好友们，所以身为他的好友，我们感到很幸运能够因为他的教导而拥有健康的身体和正确的运动心态。

等了10年终于盼到畊宏的第二本健身书，翘首期盼着这本书的到来，我相信它绝对能够再次燃起许多人对于健身的热情，以及找到有效的方式来自主训练。书中强调的运动健身并非一定要在健身房，虽然健身房配备的器材都相当齐全完善，但是万一我们正处于一个没有任何健身器材的环境中，那该如何进行自主训练呢？其实只要运动方式正确，任何地方任何时间任何工具都能够进行，所以别再找借口说你没时间运动了。

名人推荐

魔术王子

刘谦

看过“超级减肥王”或对때宏稍微有一点点了解的朋友，都不会对他以一名歌手的身份担任健身教练的资格有丝毫的怀疑（就算对他完全不了解，只要看看他的样子，也就够了）。他对追求完美身材的疯狂魔鬼执念，不但造就了他自己彪悍的体形，也在节目上或私底下帮助过无数的人减肥塑身成功，还有许多人气歌手及演员在他的教化之下获得完美的身材。这样的强者，现在愿意出书来分享他的健身秘诀及技巧，对于追求好身材的朋友们来说，绝对是最幸运的事。

对于完美外形的追求，虽然肤浅，却是人类天性中的一部分，但有许多人花了大量的金钱和时间添购衣服甚至冒着手术的风险和痛苦去整容，却对自己日渐走样的身形视而不见。其实，剪裁再完美的衣服也比不上完美的肌肉曲线和紧实的身体线条所带来的赏心悦目，再厉害的整容手术也比不上健康的气色及容光焕发的自信。也有些朋友采取激烈快速的方式来改善身材，例如抽脂或者用注射的方式来制造肌肉，却不愿意试着每天花几十分钟用最有效率、最健康、最经济的方式换来最完美的身材。

健身没你想的那么难。无论你是过胖、过瘦，或者你向往 C 罗的 6 块腹肌或安吉丽娜 · 朱莉的腰臀线条，只要一天几十分钟，甚至只要半个多小时，一个月之后就能看到身材的变化，两个月后周围的朋友们就会开始赞叹，三个月之后天翻地覆的变化将会发生在你身上。你会自信地走在海滩上，享受众人欣羡的目光。你会丢掉那些大得像布袋或者小得像童装的衣服，开始开心地穿上正常尺寸的合身衣物。你在人们心目中的印象将不再是“胖子”或“排骨精”，而是“型男”、“辣妹”。这样高报酬又符合经济效益的事情，如果你还犹豫不决，那你就真的是疯了。

亚洲天王

周杰伦

刘畊宏终于要再度出健身书了。他无时无刻不在推广着如何健康地生活。不只是健身而已！对我们这些艺人朋友们而言，又帮我们再次找到18岁时年轻的感觉。其实我也没多老，只是拥有了8块肌，没附赠可乐（嗯，不好笑）。但没关系，相信很多艺人都曾经被他指点迷津。

但他最奇怪的就是，对于这些健身的know-how（技术诀窍），他完全大方地侃侃而谈，丝毫不会留一手。

请问，那我还买书干吗？嘻嘻……

感谢艺人朋友们一路相挺
感谢上帝　感谢《圣经》
感谢新生命小组教会
感谢中华彩虹天堂协会